本书受河南理工大学安全与应急管理研究中心以及
教育部人文社科青年基金"粮食价格波动的福利效应及政策调控研究
——基于粮食主产区、主销区及产销平衡区视角"
（ 12YJC790142 ）的资助

价格波动、福利效应与中国粮食安全

苗珊珊　许增巍　徐永金　著

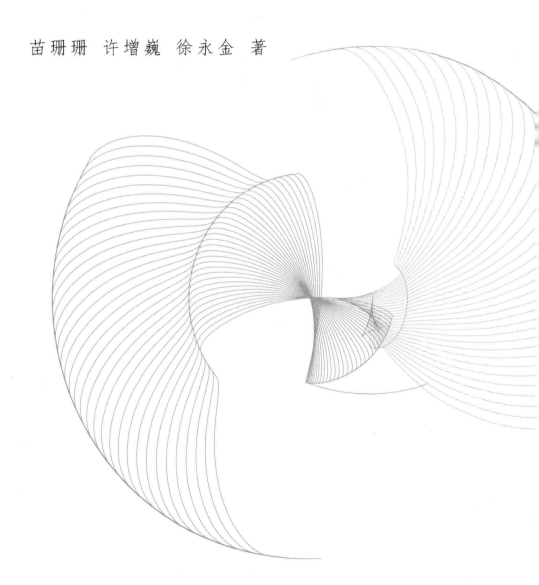

中国社会科学出版社

图书在版编目（CIP）数据

价格波动、福利效应与中国粮食安全/苗珊珊，许增巍，徐永金
著 . —北京：中国社会科学出版社，2015.8
ISBN 978 - 7 - 5161 - 6804 - 2

Ⅰ. ①价…　Ⅱ. ①苗…②许…③徐…　Ⅲ. ①粮食问题—研究—
中国　Ⅳ. ①F326. 11

中国版本图书馆 CIP 数据核字（2015）第 192149 号

出 版 人	赵剑英
责任编辑	卢小生
特约编辑	林　木
责任校对	周晓东
责任印制	王　超

出　　版	中国社会科学出版社
社　　址	北京鼓楼西大街甲 158 号
邮　　编	100720
网　　址	http：//www. csspw. cn
发 行 部	010 - 84083685
门 市 部	010 - 84029450
经　　销	新华书店及其他书店

印　　刷	北京市大兴区新魏印刷厂
装　　订	廊坊市广阳区广增装订厂
版　　次	2015 年 8 月第 1 版
印　　次	2015 年 8 月第 1 次印刷

开　　本	710×1000　1/16
印　　张	11. 5
插　　页	2
字　　数	193 千字
定　　价	40. 00 元

前　言

粮食产业是我国国民经济的基础产业，粮食安全直接影响其他产业的发展。近年来，国际粮食安全形势严峻，全球正面临着 30 年来最为严重的粮食危机。中国是人口大国，粮食安全问题受到了前所未有的关注，由于我国粮食价格出现了频繁且剧烈的波动，粮食供需矛盾日益凸显，导致生活成本不断提高，进而影响不同层次主体的福利变化。

第一，采用定性分析法考察我国粮食生产现状及主产区、产销平衡区和主销区粮食产量、粮食播种面积和粮食价格的变动趋势。在分区基础上，建立了粮食供给和需求模型，估计三大区域粮食供给价格弹性、需求的收入弹性和价格需求弹性，在对三个产区粮食供给和需求弹性进行分析的基础上，借鉴 Minot 和 Goletti（2000）提出的农作物价格变动的福利效应模型，对我国三大区域粮食价格波动中的福利效应进行测算和分解。

第二，对粮食价格波动中微观主体农户福利效应的变动进行量化分析，考察城镇不同收入水平居民粮食价格波动的福利变化，并在此基础上，对比分析粮食价格波动对农村居民与城镇居民的不同影响及其机理，并提出有针对性的政策建议。

第三，考察农户对粮价波动的行为响应，探讨粮食价格波动—农户福利变化—农户种粮行为这一链条的作用机制，测算农户短期和长期对价格、成本、单产纯收益等因素变化刺激反应的灵敏程度，在此基础上对比分析价格与收益因素对粮食作物的影响，分析粮价波动对农户种粮积极性的影响。

第四，在理论探索和实证分析基础上，考察粮食价格波动原因，分别探讨封闭与开放条件下技术进步导致粮食价格波动的内在机理；加入世界贸易组织后，随着农产品贸易政策的不断放开，我国粮食进出口量大大增加，本书分析关税变动对政府、消费者和生产者等不同主体福利变动的影响。

最后，对政策调控的有效性进行分析，考察政府调控粮食价格波动的手段（或选择组合）及各种调控手段的有效性；设计不同的政策模拟情景，考察区域补贴政策、粮食直补、财政投入政策等对区域政府粮食行为和农户生产行为及其粮食供给的影响，探讨政府调控政策的激励强度和调控效果。在此基础上，提出社会福利最大化目标下调控政策优化的途径和方案。

目　　录

第一章 导言

第一节 研究背景

国以民为本，民以食为天，食以安为先。粮食安全不仅仅关系经济问题，更是关乎国家长治久安的社会问题。改革开放以来，我国粮食供求一直处于波动性紧平衡状态（姜长云，2006）。特别是随着工业化和城镇化进程的加快、耕地面积逐年减少、粮食作物品种日趋单一、人口快速增长、居民消费水平日益提高，粮食价格频繁且剧烈波动，严重威胁我国粮食安全。

粮食价格是百价之基。粮价波动不仅影响 CPI 走势，而且事关粮食安全和社会稳定。近年来，中国粮食价格出现了频繁且剧烈波动。1978—1989 年粮食价格一直在稳步上升，平均增幅达 11.29%；1990—1991 年，粮食价格出现短暂下降，平均下降 6.5%；而 1992—1996 年粮食价格急剧上升，平均涨幅达到 20.68%，在个别年份，比如 1994 年甚至达到 46.60%；而在 1997—2003 年期间，除在 2001 年有微幅增长外，粮食价格持续下降；2003—2004 年我国粮食价格增幅达 26%，2005 年有微小下降，之后 2006—2009 年粮食价格持续上升；2007 年粮食生产价格指数上升 10.3%，2011 年更是达到 21.8% 的上涨幅度。价格是利益调节最重要的经济杠杆，粮食价格波动直接影响不同主体利益福利水平变化，进而影响各主体利益的经济行为。粮食价格波动对不同区域的主体产生不同的影响，那么，粮食价格波动对不同区域行为主体利益产生了什么影响？粮价波动的分配效应如何？各区域对粮食价格波动带来福利变化如何响应？对于我国粮食生产格局演变和粮食生产能力产生什么影响？对于这些问题的研究，是解决我国因粮食价格波动导致区域利益冲突和实现国家粮食安全的基础性工作。

第二节 研究目的和意义

一 研究目的

以粮食为研究对象,基于微观、中观和宏观视角,分别就粮食价格波动过程中不同利益主体福利变化进行测度,对粮食价格波动与社会福利效应之间的关联关系进行分析,阐明粮食价格波动对社会福利的影响机制,为解决我国粮食价格波动带来利益冲突和福利不均衡问题提供解决方案,为粮食价格调控政策选择与优化提供理论和实证依据。具体目标如下:

一是对我国粮食主产区、产销平衡区和主销区粮食价格变化引起的长短期福利变化进行测度并进行比较。

二是对我国粮食价格变化引起农户福利变动、城镇居民福利变化效应进行测度并比较粮价波动对城乡居民的不同影响及其内在机理。

三是探讨粮价波动中农户行为响应以及粮食价格波动的内在机理,探讨不同区域利益协调机制,提出调控政策优化方案和建议。

二 研究意义

(一) 实践意义

我国粮食生产中心正向粮食主产区集中,并通过区际贸易实现区域粮食供需平衡。但是,在粮食价格剧烈波动背景下,区域之间的粮食贸易利益失衡和冲突日趋加剧,主要表现为:

一是粮食主产区普遍存在粮食生产比较利益下降,粮食产品比较优势退化,非粮生产积极性增强、粮食产销区域矛盾加剧、粮食安全责任弱化问题。

二是粮食生产相对较薄弱的粮食主销区粮食价格区域性上涨特征明显,粮食主销区的生产薄弱特性被放大、凸显,导致不同产区利益分配的巨大差异和冲突。

三是影响中国粮食供求格局的国内外环境和主要因素发生了重大变化,政府各种调控手段的有效性正面临巨大挑战。

因此,对粮食价格波动中主产区、产销平衡区和主销区的短期和长期福利效应进行测度,探讨不同区域利益协调机制,提出政策调控的优化方案对于解决我国区域利益冲突和实现国家粮食安全具有重要的现实意义。

（二）理论意义

关于粮食价格波动影响研究大多关注粮食价格波动的成因与传导机制，而对于粮食价格波动中区域福利变化及其福利分配效应研究较为少见，鲜见关于粮价波动中各区域福利变化的测度和研究。福利测度一直是经济学研究的热点和难点问题，近年来，国外学者对价格变动福利效应测度进行了较为深入的研究，提出了一些新的理论与方法，这就需要结合我国粮食价格波动周期特征，对西方福利理论和方法进行适应性分析和验证，针对我国粮价波动现实及面临问题寻找解决途径和对策，形成我国粮食价格福利效应测度和政策调控相关理论。

第三节　国内外研究动态

一　粮食价格波动成因

学者对粮食价格波动中福利变动研究起步较早，主要集中于粮食价格波动的成因、传导机制、福利效应及福利效应与政府福利政策调控方面，主要采取成本函数、反需求系统、距离函数、价格弹性、消费支出函数、等价收入模型、区域福利效应模型和总福利模型等计量经济学方法，下面对国外文献的研究内容和方法进行总结。国内学者对粮食价格波动成因进行了大量研究，认为供求是引起粮食价格波动的最主要因素（冷崇总，1997；朱民等，2006），万小妹等（2007）则认为宏观经济因素和体制性因素是引起粮食价格波动的真正原因。部分学者认为期货因素影响价格波动，如胡俞越等（2005）通过对我国大豆和小麦现货和期货价格进行实证检验，得出大豆成交量是导致大豆期货价格波动的主要原因，而小麦的价格波动却是由于我国小麦期货合约成交量导致的。王骏等（2005）则进一步发现我国黄豆和小麦期货价格与现货价格存在相互引导关系。还有学者研究国际市场的国内传导机制，国际农产品价格上涨从短期看是国内粮价上涨的原因之一（孙福春等，2009），货币因素也会导致粮价波动，美元贬值因素是粮价波动的催化剂（黄汉权，2008）。政府政策对价格波动的影响方面，学者们强调了避免粮食价格人为波动的核心是统一的市场和稳定的政策，保持粮价稳定的关键原因是国家主动发挥价格的调节作用

（钟甫宁，1995；文武汉，2007）。

国外学者对粮食价格波动的影响因素分析主要集中于供求关系、期货投机因素、政府政策、货币因素、环境因素等方面。Lu（1999）认为，生产成本和供求缺口是导致粮食价格波动的最主要因素。而 Fafchamps（1992）认为，产量是引起农产品价格变动的关键因素。有些学者认为，粮食期货价格对现货价格波动的影响是有效的（Bigman，Goldfrab and Schechtman，1983；Pindyck，1994）。Deaton 等（2002）采用月度数据，运用实证方法对多个国家 445 个市场的研究再次证实了上述学者的观点。最近的研究集中于对单个粮食品种更加深入细致的分析，Benavides（2004）采用时间序列模型对玉米和小麦价格研究发现，汇率、库存是影响玉米和小麦价格波动的主要因素，得到类似结论的还有 Mitra（2008）。随着新兴能源的兴起，学者发现生物能源需求的增长带动农产品价格、土地价格以及农民收入上涨（Coyle，2008）。Clapp（2009）则认为，国际宏观经济因素在农产品价格波动中起着关键作用。

二　粮食价格波动的传导机制

国外学者关注的热点是价格传导的非对称性问题。May 等（2004）通过区分正负的非对称性价格传递，进而补充和完善了价格非对称性传导模型。众多学者证明了农产品供应链短期内普遍存在非对称性价格传递，如 Willett（1997）、Frigon（1999）以及 Douglae（2001）等学者分别对水果供应链、肉制品、食用油和奶制品的价格传递进行了研究，发现这些农产品价格传递均存在非对称性。Abdulai（2000）分析了价格空间传导的特点，并采用协整检验和非对称 ECM 模型分析加纳玉米市场价格的空间传导，发现地方市场价格对中央市场价格上涨的反应速度快于对中央市场价格下降的反应速度。国内研究主要从产业链角度对价格传导机制进行研究，详细阐明了产业链间上、中、下游不同层次的价格传递。农业产业链条的价格传递以"需求拉动"为主，以"供给推动"为辅。"传导"意味着存在上下游"梯次"的传递关系，是在价格形成的某一阶段，价格发生变化后向上下游逐渐传递（王学庆，2006；孔祥智，2010）。学者研究发现，农产品价格一般遵循农业生产资料、农产品、市场总体价格的传导路径，农产品价格波动的国内传导路径中，上中游传导和中下游传导作用程度、时滞、方向均存在不对称性（顾国达等，2011），以粮食价格变动为基础的食品价格变动短期受生产成本的影响较小，生产资料价格的变动很难通过供给完全传导到食品价格上来（周望军等，2008）。从空间传导上看，多数学者认为，随着经济全球化的发展，开放程度提高，国外的市场价格能够比较容易地通过这些传导途径传递到国内，引起国内价格的变动（罗锋等，2009；王立清等，2010），但是，农产品价格波动的局部转移概率存在非对称性（方晨靓等，2010）。

三 关于福利测算方法的研究

国外学者利用成本函数、反需求系统、距离函数、价格弹性、消费支出函数、等价收入模型、区域福利效应模型和总福利模型等方法来测算福利变化。James Banks 等（1996）对消费福利补偿采用成本函数法测量福利变化时一阶近似值的效果差于二阶近似值测量的结果。Kim（1997）利用反需求系统来测量福利变化，运用距离函数测算福利效应。研究结果得出：该价格变化的福利分析与数量变化的分析类似于价格变化的福利分析，并且可以处理完全竞争市场中由于价格变化的福利测量。国内学者主要集中于民生净福利指标、可持续发展的净福利指标，SNA 福利指标等对人均 GDP 的福利指标改进的研究。彭勇（2008）阐释了深圳民生净福利总指数，其基本内容主要涵盖收入分配与公平、安全水平、社会保障水平、公共服务水平和人的全面发展水平五个方面，共 21 项指标，以此反映居民的生活福利状况及动态，认为"净福利"是经济发展所带来的全部经济福利减去用于补偿伴随经济发展而产生的负面效应消耗后所剩余的福利。何强（2011）从 2008 年 SNA 对福利概念的使用特点出发，逐一分析近代福利经济学兴起以来相关研究文献中主要使用的福利术语及其区别，认为 SNA 的目的主要是满足宏观实践的需要，因而包含经济、人口、社会、资源、环境等重要因素。向书坚（2009）从可持续发展视角进行研究，认为在设计福利水平的评价指标和可持续发展评价指标时，一些评价福利水平的指标忽视了可持续性，而评价可持续发展的指标则忽略了当前的福利水平。

Ackah 等（2003）通过贸易和农业政策变革实施对加纳食品价格变化（1991/1992，1998/1999）影响，从而计算价格对家庭消费福利的影响。随后，Friedman 和 Levinsohn（2002），提出了根据消费支出函数和价格弹性的泰勒一阶和二阶展开形式的测算方法来计算 1997 年亚洲金融危机后，由于价格上涨造成印尼家庭的福利损失。研究结果表明，两种测算形式的结果相差不大，虽然每个家庭都有不同的福利损失，而且损失比较严重，但低收入家庭的损失更为严重。城镇低收入居民弥补价格上涨造成福利损失的最好方法是增加较多的新收入，而且消费支出增加的同时补偿数量呈现单调下降趋势。Mervyn King（1981）等价收入模型的基本框架，建立粮价波动基础上城乡居民等价收入函数，测度城乡居民户粮价波动的福利变化；Minot 和 Goletti（2000）提出的农作物价格变动福利效应模型，主要是对区域粮食价格变化引起的短期和长期福利效应进行测算。Akino 福利测算模型主要运用于解决价格波动的总福利效应及其分解问题，当受到来自供给冲击时（如自然灾害、技术进步等），导致供给函数移动，引起粮食价格变动，那么就可以采用供给函数移动方法来估计福利损失或收益情况。国外学者侧重于粮食价格对宏观经济冲击的分析。FAO（2008）的研究显示，无论城市还是乡村，价格波动引起福利损失最大的是最贫穷的 1/5 家庭。一些学者认为，贫困发生率的降低是由于粮食价格的不断上涨导致通货膨胀率不断增加的结果（Cutler et al.，1991；Ivanic et al.，2008），亚洲开发银行（2008）研究报告运用一般均衡模型（CGE）论证中国作为粮食净出口国的粮食贸易条件将会随世界粮食价格的上涨有所改善；但价格冲击给城镇居民中的低收入者造成的损失可能更大，农村中粮食的净消费者是遭受福利损失的主体。

国内学者主要侧重于对一些福利测算方法的描述，较少学者运用福利分析方法进行实证分析。吴姚东（2000）阐述了当代国外福利测算方法研究，主要包括扩展账户模式、社会指标模式和心理模式等不同于人均 GDP 的测算方法。何强等（2009）将福利测度方法可以分为三类：基于国民经济核算体系及其扩展的单一指标测度方法；基于生活质量和社会发展的指数测度方法；基于生活满意度的测度方法。这些方法从不同角度展现了学术界测度福利的智慧。尽管它们在指标性质、权重分布、开发背景等方面存在一定差异，但彼此之间并没有绝对的优劣之分，也不能完全相互替代。从核算意义看，福利测度方法仍然有较大的完善空间。王东杰（2007）通过建立动态一般均衡模型，测算出中国经济周期的社会福利成本，认为消除我国经济周期带来的社会福利非常小，少于提升消费增长速度 0.1% 所带来的社会福利，政府应该把主要精力放在促进经济增长上。杨永恒（2011）构造反映公平诉求的效用函数，利用优化模型，基于社会福利视角下对北京市最优收入差距问题进行了分析，结果表明，整体上北京市收入差距情况较好，但近些年收入差距的扩大使得北京市社会福利水平有所下降。国内学者从社会资本、农业保险和城乡分配比例等方面分析了低收入群体的福利效应。邵兴全等（2011）从社会资本的五个维度探讨累积效应对家庭福利的影响。在这五个维度中，尤其是其中的社会网络规模、信任及其参与公共事务对家庭福利的影响系数为正，且在统计上显著。研究发现，对贫困家庭而言，社会资本的收入补偿效应很大，因此，在政策设计上，应提升贫困家庭的社会资本累积程度，从而提高贫困家庭的福利水平。罗向明（2011）利用期望效用函数研究了农业保险补贴力度的福利效应，认为农民参加农业保险的意愿与补贴力度密切相关，补贴力度的不同直接影响农户的生产决策，进而对农民福利分配造成影响。樊继达（2011）从现实动因与理论机理两个维度研究发展型社会福利体系建设问题，认为构建与经济发展水平相适应的发展型社会福利体系需要转变政府治理理念，推进政府职能转型。吴连霞（2011）基于城乡间分配比例的视角，研究发现，我国社会福利分配严重倾向于城镇，进一步拉大了城乡收入差距。余谦等（2011）构造了中国农村社会福利指数（包括收入分配与公平、医疗保障、教育文化、农业生产四个子系统），得出教育文化和医疗保障对中国农村社会福利水平影响最大，中国农村社会福利指数围绕农业总产值上下波动，并保持不断增长的趋势。趋势检验表明，该福利指数能较好衡量中国农村社会福利水平，可为政府投资决策和绩效评价提供参考性评判标准。

四 粮食生产格局分析

对粮食生产格局及区域粮食供求平衡问题研究一直是学术界关注的焦点。粮食区域布局的演变对于保障粮食供需的区域平衡和实现粮食安全的国家战略提出了新的挑战。学者分析了我国粮食区域布局演变的特点、原因以及面临的问题。国外学者的研究主要集中于粮食生产布局及其影响因素分析。如 Verburg 等采用仿真方法考察了中国土地利用类型的空间区域分布特点，发现影响中国土地利用类型和粮食生产的因素主要包括城市化、土地荒漠化及植树造林等。Veldkamp 和 Fresco 认为，单位面积上粮食产量的不同主要是由于土地自然条件和管理水平的不同导致的，可以通过建立相应的模型评估其空间价值。David 和 Elliott 研究发现沿海区省份布局、自然条件、作物价格等与粮食生产效率具有相关关系。农业生产布局除了受区域经济的直接影响，还受上游和下游部门的影响。Daniel 和 Killkenny 发现，一般农业政策的变化，包括增加农业津贴和转移支付会对农业生产地理布局产生影响。研究发现，由于自然灾害、区位因素、市场条件、物流水平、资源禀赋、工农业产品价格差距拉大等方面的影响，粮食主产区面临利益流失问题，导致农户种粮积极性下降，政府的财政投入水平降低。我国粮食安全问题面临总量平衡向产销区平衡以及生产者、消费者与其他主体利益平衡的转变。对我国主产区演变的特点、原因及面临问题的分析发现，我国粮食主产区呈东北及中部地区转移的趋势，粮食生产格局正在发生重大转变并经历了"V"形变化轨迹；生产格局转变主要受人均耕地资源、非农产业就业拉力、技术进步、地理气候约束以及工业化进程等因素的影响。为保证主产区的可持续发展，需要加大对主产区的投入。还有学者进一步分析粮食作物空间格局变化的驱动因素，发现播种面积是影响我国主要粮食作物生产的关键驱动因素，其他如气候变化、生产资料投入等经济社会因素具有一定的驱动作用，而农村劳动力跨区域流动也会对主要流入省区和流出省区的粮食供求均衡格局产生影响。陆文聪等则从人地关系、非农就业与劳动报酬视角分析对粮食生产区域变化的影响。但由于经济发展程度及资源禀赋的异质性，导致我国粮食供求区域不平衡的问题加重。为解决这一问题，学者分析了补贴政策对粮食主产区、主销区和产销平衡区作用情况，发现主产区补贴有利于增加农户的资本投入。从土地产出效率角度分析对主产区补偿的合理性和必要性，学者强调政府在产销区补偿中的调控作用，建议采用机会成本税、GDP 增长提成等方式，改变粮食主产区在补偿博弈中的弱势地位。针对粮食主产区与主销区利益失衡现状，提出依据"责任共担"与"利益共享"原则实施粮食跨区交易，从而使粮食主产区与主销区依据各自的禀赋优势实现利益最大化。还有学者建议市场与政府调控相结合，通过征收庇古税、调整粮食风险基金等方式对主产区进行补偿。一些学者实证分析了粮食价格波动对不同利益主体的影响。如徐永金和陆迁分析了粮食价格波动对主产区福利变动的影响，发现粮食生产价格上涨有利于主产区福利的增加，而消费价格上涨则缩减了主产区福利。还有学者通过对个体消费层面的考察，发现弱势群体由于其资产状况低下、消费结构刚性等，农村的低收入人口和贫困主体将比城市人口遭受的影响程度更深；而人为提高农产品价格即价格支持政策的社会福利损失严重，其实质是对消费者的补贴，生产者福利恶化。对单一品种粮食的分析，邵飞和陆迁考察了我国作为净购买者和净出售者玉米价格变化对经济福利分配的影响，结果表明玉米价格与不同主体福利呈反方向变动。

　　学术界专注于粮食安全格局构建及产销区利益均衡的研究，其理论和方法对我们的研究具有重要启发和借鉴意义。但是，现有研究主要集中于理论分析粮食供求平衡及由此导致的利益失衡问题，基于福利测算基础上的区域利益协调机制设计和安排方面的研究只有零星报道，鲜有测算不同区域福利效应问题的研究。其次，对粮价变动经济影响方面的研究主要以理论分析为主，运用时序资料进行实证分析明显不足。由于粮食生产中粮食主产区和主销区的利益冲突和矛盾最为突出，因此，本书基于粮食主产区和主销区福利均衡的视角，考察粮食价格波动对主产区和主销区福利变动的影响路径及影响机理，最终为国家建立基于各自产区资源禀赋优势的利益协调机制提供理论与实证依据。

五　粮食价格波动与政府福利政策调控

　　国外粮食价格波动调控政策主要采用粮食价格支持和补贴政策，补贴形式主要有对生产者和消费者的直接补贴和不同类型的间接补贴。国外不少学者对农业补贴政策的效率进行了研究，并分析了农业补贴政策的福利水平，认为粮食补贴政策调动了农民种粮积极性，对世界农产品价格、贸易和福利产生了影响（Harry de Goner et al.，1993）。许多学者依据一般均衡理论和局部均衡理论，对农业补贴政策产生的原因和实施效果等进行了模拟分析。研究发现，农业政策支出真正使农民收益的部分很少（Ernst - August Nuppenau，1987）。Brennan（2003）以孟加拉国政府干预粮食市场政策为例，认为政府直接干预粮食价格来降低福利损失的效果，远不如通过增加间接补贴，使农户获得间接利益，进而提高种粮积极性更有效。

　　国内研究方面，现有文献主要集中于粮食价格波动对粮食生产、农民收入和市场价格总水平以及国民经济影响的讨论（周海春，1995）。冷崇总（2008）测算了1978—1992年国民经济受粮食价格（收购价格）波动的影响，认为粮食价格每增长1%，就会使国民收入、零售物价、农业产出相应变动0.157%、0.37%、0.24%，如果粮价提高20%，农民收入提高7.2%。在此基础上，一些学者实证分析了粮食价格波动对粮食产量的影响。陈文哲（2008）研究发现，当年粮食零售价格上涨有利于增加粮食产量。从产业链角度来看，在价格波动过程中，相关主体的利益变化是非均衡的，如黄武（（2005）以大豆为例，通过均衡转移模型论证了大豆及相关产品贸易自由化增加了整体国民福利，但对于不同的利益集团有不同的影响，大豆消费者和大豆加工商将从中获益，而大豆生产者的福利将遭受损失。对价格波动影响农民福利的研究，一些学者根据"价格—价格螺旋上涨"理论得出粮食零售价格的提高给农民带来的福利不大（李志红，2007），而另一些学者认为，粮食生产价格上涨导致农民收入增加的同时粮食消费价格往往也上涨，导致消费者支出增加，粮食价格上涨对农民福利效应是下降的（胡锋，2008）。还有学者从城乡角度出发研究发现，城镇和农村居民受粮食价格上涨的影响得到的净收益不同，城镇居民减少，农村居民净收益增加（石敏俊等，2009），而其他学者则认为粮食价格的变动对农村的影响比城市更大，农村的低收入人口和贫困主体将比城市的相应人口遭受的影响程度更深（郭劲光，2009）。邵飞（2011）等分析影响我国玉米供给与需求的价格与非价格因素，借鉴迈诺特和戈莱蒂提出的农作物价格变动短期和长期福利效应模型，测算了我国玉米价格变化引起的福利变化，认为玉米价格的波动会引起玉米生产消费中利益相关者的福利变化。在此基础上进一步研究了技术进步对玉米生产者和消费者的福利效应，得出玉米具有较低的供给弹性和需求弹性，玉米技术进步的福利效应表现为消费者福利增加和生产者福利减少，但消费者福利的增加值大于生产者福利的减少值，使得整个社会的经济福利处于上升趋势。邵飞、苗珊珊、陆迁（2011）从消费者剩余和生产者剩余角度，进一步测算了技术进步的福利效应，认为技术进步改善了社会福利，但社会福利在生产者和消费者之间的分配是非均衡的。国内学者普遍认为我国粮食价格调控政策是有效的（钱正鑫等，2006；郭劲光，2010），并有学者利用适应性预期模型对我国粮食生产调整能力及农业政策的影响效果进行实证研究，研究发现各项农业政策对粮食生产均具有显著正向影响（陈飞等，2010）。一些学者关注调控政策尤其是粮食直接补贴政策实施后不同利益主体的福利分析。肖国安（2005）讨论了粮食直接补贴政策对粮食生产者、消费者、经营者和政府的影响以及社会总福利的损失，认为粮食直接补贴政策实施后消费者得利多。同时，也有分析认为粮食直接补贴政策有其两面性，合理之处在于减少了保护价造成社会福利的净损失，缩小城乡差距等；但也存在农民利润减少等不合理之处（杨有孝和罗安军，2006）。王小龙等（2009）的研究进行了进一步细分，通过构建限量收购和无限量收购条件下各种粮食干预政策的产出效应模型，发现补贴政策对剩余粮食产量拉动作用有限，而粮食价格的拉动作用则相对较大。

六 国内外研究动态评述

国内外文献从不同的角度对福利指标、福利测算方法和粮食价格波动与传导、经济效应及政策调控进行了理论和实践探讨，取得了较为丰硕的成果，其理论和方法对我们的研究具有重要启发作用和借鉴意义。但是，现有研究也存在一些不足：

一是大量文献围绕粮食价格波动的成因及其传导机制展开，而关于粮食价格波动中福利分配效应问题的研究相对较少。

二是现有研究虽然关注到了区域的利益差异和冲突，但主要应用数理演绎模型讨论区域利益博弈行为，基于福利测算基础上的区域利益协调机制设计和安排方面的研究只有零星报道，鲜有测算不同区域福利效应问题的研究。

三是对粮价变动经济影响方面的研究主要以理论分析为主，运用时序资料进行实证研究明显不足。本书从粮食主产区、主销区和产销平衡区视角，建立区域福利测度模型，对粮价波动过程中不同区域行为主体的福利变化进行实证分析，探讨粮价波动的福利影响机制，从福利经济学出发，考察满足社会福利最大化条件下粮价调控绩效及政策优化，最终为我国粮食价格调控政策创新提供理论与实证支持。

第四节　研究思路与方法

一 研究思路

本书主轴沿着"粮食价格波动—利益主体福利影响—经济行为变化—政策调控"这条内在逻辑线路展开。本书的实践起点是粮食价格剧烈波动的事实，最后落脚到规范分析中的政策研究。首先，从粮食价格波动现实入手，借鉴 Minot 和 Goletti（2000）提出的农作物价格变动福利效应模型，对我国粮食主产区、产销平衡区和主销区的粮食价格变化引起的短期和长期福利效应进行测算，重点考察粮食主产区、产销平衡区和主销区在粮价波动中的福利发生了什么变化，这种变化的长期趋势是什么，研究粮价波动中不同区域福利变化对我国粮食生产布局及其生产能力的影响。其次，构建福利效应模型，分别就粮食价格波动中中观层次主产区、主销区、产销平衡区及微观层次农户与城镇居民的福利变化进行测度，探讨各利益主体福利变化的行为响应及影响机制，考察保障粮食安全中行为主体的响应过程，从农业技术进步角度分析粮食价格波动的内在机理，探讨粮食价格波动的福利分配效应和影响机制，为解决我国粮食价格波动带来的区域利益冲突和微观主体福利不均衡问题提供解决方案，为粮食价格调控政策选择与优化提供理论和实证依据。

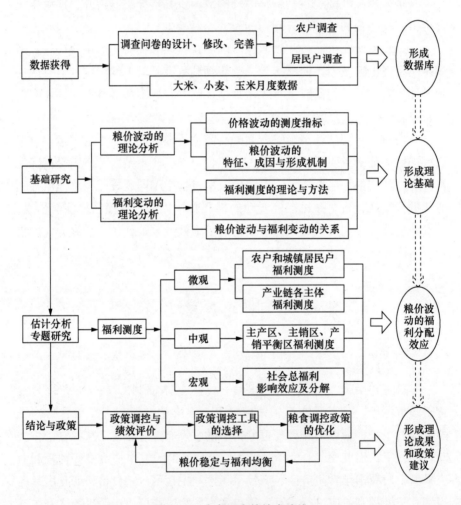

图 1 - 1　本书研究的技术路线

二　研究方法

通过文献分析、比较分析和统计分析，为粮食价格波动福利效应研究提供理论基础，并形成有关粮食价格波动与微观、中观、宏观层面不同利益主体福利变动的系列假设；构建计量经济模型，对粮食价格波动中不同利益主体福利变动进行测度，对形成的各种假设进行检验和验证；依据理论和实证研究结果，提出实现粮价稳定和福利均衡目标下的调控政策和具体方案。具体研究方法说明如下：

（一）文献分析法

根据本课题内容，收集有关我国粮食价格波动方面的理论、政策文件、统计数据、数据文献、研究成果以及典型案例，并对这些数据、资料进行整理、归纳和分析，以初步掌握我国粮食价格波动的状况、变化和呈现的新特点、新趋势。

（二）统计分析法

利用粮食主产区、产销平衡区和主销区的时间序列数据，比较分析三大区域粮食产量、粮食播种面积和粮食价格的变动趋势及其在我国粮食生产过程中的地位和作用。

（三）定量分析法

运用经济学中柯布—道格拉斯生产函数估计三大区域粮食价格的供给弹性，利用对数线性需求函数模型估计三大区域粮食价格的需求和收入弹性，在此基础上运用 Minot 和 Goletti（2000）提出的农作物价格变动的福利效应模型解决三大区域粮食价格变动的分区域短期福利和长期福利变化测度问题。具体如下：

1. 采用等价收入模型解决城乡居民户的福利测度问题

借鉴 Mervyn King（1981）等价收入模型的基本框架，建立粮价波动基础上城乡居民等价收入函数，测度城乡居民户粮价波动的福利变化。其模型如下：

（1）构建居民户的间接效用函数 $V = V(p, y)$；比较居民户在面临不同的消费组合 (p, y) 时的福利变化，其中确定基年价格为参考价格，即 p^R。

（2）确定等价收入。在相同的参考价格和预算约束时，达到相同效用水平的收入水平，即 $V(p^R, y^E) = V(p, y)$。

（3）引入支出函数可以得到：$y_E = e(p^R, V) = f(p^R, p, y)$，即等价收入函数；$y_E = f(p^R, p, y)$ 函数继承支出函数和效用函数的特点，满足

连续性、二阶可微；可以得到需求函数 $x(p, y) = \dfrac{\partial f}{\partial p^R}\bigg| p^R = P = \dfrac{\dfrac{\partial f}{\partial p}}{\dfrac{\partial f}{\partial y}}$。

采用线性需求函数 $x(p, y) = ap + by + c$，通过微分方程，可以得到 f 等价收入函数的一个特解：$y_E = f(p^R, p, y) = e^{-bp} \cdot \left(y + \dfrac{a}{b} \cdot p + \dfrac{a}{b^2} \right)$；

依据等价收入函数计算居民户的间接效用，进而计算居民户消费福利得失。

在测算农户福利变动时，既要考虑农户作为生产者，价格变动带来收入变化的影响，又要考虑农户作为一般消费者，粮价变动带来消费者预算约束变动的影响。因此，采用农户模型，建立反映农户生产和消费行为的系统联立方程模型，采取两步分离法，即首先价格变动先影响农户生产行为，进而影响其收入；其次收入变动影响其消费预算约束，进而影响福利水平。农户模型表示如下：

农户的生产方程：

$$y^* = \sum_{i=1}^{n} (P_i Q_i - C_i) + TW + TS$$

其中，P_i 是第 i 种农作物的价格，Q_i 为第 i 种农作物的产量，C_i 是第 i 种农作物的生产成本，TW 为工资性收入，TS 为转移性支付。

农户的消费方程：

$$M = \sum_{i=1}^{n} p_i c_i = p_1 c_1 + p_2 c_2 + \cdots + p_n c_n$$

其中，p_i 为第 i 种商品的价格，c_i 为第 i 种商品的消费量，M 为其总收入。

以上方程构成了一个完整的描述农户生产和消费行为的模型。运用上面的等价收入福利模型，测算农户在粮价变动中的福利变化。使用的软件是 STATA 11.0。

2. 采用价值链理论解决粮价波动中产业链不同利益主体福利变化测度问题

借鉴价值链理论，以"农户—批发商—零售商"为典型价值链，重点考察粮食产业链上不同环节的价值增值（$\Delta V_i = P_{出} \times Q - \Delta C - P_{入} \times Q$，其中，$i = 1, 2, 3$），分析产业链上价值增值分布特点及其规律（$V = \alpha \times$

$V_1 + \beta \times V_2 + \gamma \times V_3 + \theta \times V_4$），其中，$\alpha$、$\beta$、$\gamma$、$\theta$ 分别代表不同节点价值活动的价值增值贡献率。构建产业链层次价值增值福利分配指数，分析粮食产业链不同利益主体的福利变动情况和利益分配效应。

3. 采用区域福利效应模型解决粮食价格变动的分区域福利变化测度问题

应用 Minot 和 Goletti（2000）提出的农作物价格变动的福利效应模型，用以测定粮价变动的短期和长期福利效应。其中：

价格变化短期福利效应为：

$$\frac{\Delta w^1}{x_0} = PR \frac{\Delta p^p}{p_0^p} - CR \frac{\Delta p^c}{p_0^c}$$

其中，Δw^1 代表粮食价格变化造成的福利效应变化的一阶近似值，即短期效应；x_0 代表基期收入；Δp^p 代表粮食生产价格的变化；p_0^p 代表基期粮食生产价格；Δp^c 代表粮食消费价格的变化；p_0^c 代表基期粮食消费价格。

价格变化长期福利效应为：

$$\frac{\Delta w^2}{x_0} = PR \frac{\Delta p^p}{p_0^p} + \frac{1}{2} \varepsilon^s PR \left(\frac{\Delta p^p}{p_0^p} \right)^2 - CR \frac{\Delta p^c}{p_0^c} - \frac{1}{2} \varepsilon^h CR \left(\frac{\Delta p^c}{p_0^c} \right)^2$$

其中，Δw^2 代表粮食价格变化造成的福利效应变化的二阶近似值，即长期效应，ε^s 代表粮食供给弹性，ε^h 代表粮食希克斯需求弹性，其计算公式为 $E = \varepsilon^h - CR \cdot \eta$，其中 E 代表粮食需求价格弹性，η 代表粮食需求收入弹性，这两个弹性值可以从对需求模型的回归分析结果中得到。该模型中净收益率（NBR）是指粮食出售价值与收入之比，即 NBR = PR − CR，其中，PR 是指粮食生产价值与收入的比值，CR 是粮食出售价值与收入的比值。

第五节　可能的创新之处

在借鉴国内外有关价格波动和福利研究相关理论和方法基础上，本书从城乡居民、空间角度研究粮食生产格局变化问题；同时，从城乡居民、区域层面以及宏观层面，构建福利测度模型，对粮食价格波动中不同主体的福利变动进行测度，考察粮食价格波动的福利分配效应，从而直接为国家深化价格体制改革，制定稳定农产品价格调控政策提供决策参考，为维护农产品市场健康发展以及协调不同利益主体福利变化提供理论与实证依据。具体如下：

（1）将我国粮食生产划分为主产区、产销平衡区和主销区，运用柯布—道格拉斯生产函数和对数线性需求函数模型估计三大区域粮食价格需求和供给弹性。在对相关参数和关键变量进行估计基础上，运用 Minot 和 Goletti（2000）提出的农作物价格变动的福利效应模型测算三大区域粮食价格变动的分区域短期福利和长期福利变化，并进行比较。结果表明：三大区域粮食生产价格变动与短期和长期生产福利变动具有正向作用关系，而与粮食零售价格变动具有负向作用关系，但生产福利变化在总福利变化中处于主导地位，且粮价上涨对三大区域福利变化均具有积极作用，但福利分配的积极作用并未均等的分布在三个区域，虽然主产区获得更多福利，但与国际粮价上涨相比并未获得与之相应的福利改善，说明在粮价上涨导致福利改善的同时导致区域利益冲突。

（2）在对粮食供需弹性以及粮食收益率估计基础上，运用 Minot 福利效应模型，测算并比较分析粮食价格波动对农村居民与城镇居民福利变化的影响。结果表明：粮食价格波动的福利分配在城乡居民间是非均衡的。粮食价格波动与城镇居民福利变动具有负向作用关系，粮食生产价格平均每提高 10%，城镇居民短期福利减少 3.48%，长期福利减少 2.99%；而农村居民则由于粮食价格上涨福利增加，即粮食价格平均每提高 10%，农村居民短期福利增加 5.50%，长期福利增加 6.35%。粮食价格波动的收入效应与替代效应导致了城乡居民福利分配的非均衡性。粮食价格波动中的长期福利效应优于短期福利效应，且农村居民的福利变动率大于城镇居民，反映了城乡居民作为理性人对价格波动的适应性调整。最后提出建立健全城镇低收入群体的价格补贴机制、完善市场价格机制等相关政策建议。

（3）本书分析粮农生产决策行为的影响因素，测算农户短期和长期对价格、成本、单产纯收益等因素变化刺激反应的灵敏程度，在此基础上对比分析价格与收益因素对粮食作物的影响。结果表明，粮农对粮食价格信号更为敏感，我国三大粮食作物对自身价格和单产纯收益的长期和短期弹性较小，但价格的长短期弹性都大于单产纯收益的长短期弹性，粮食价格对农户生产决策影响程度大于单产纯收益影响程度，农户更注重总收入最大化。因此，可通过提高价格对粮食生产进行调控，制定有针对性和偏重性的惠农政策提高粮农收益和种粮积极性。

（4）基于1978—2011年粮食生产与消费相关数据，在对粮食供给弹性和需求弹性估计的基础上，分别运用开放与封闭经济剩余模型对粮食产业技术进步的福利效应进行测算。结果表明：开放条件下农业技术进步导致粮食生产经济总剩余增加，粮食贸易总量的提高对农户福利的改善具有重要促进作用。贸易自由化背景下，农业技术进步的福利分配导致消费者剩余和生产者剩余的变动具有非均衡性，生产者剩余占经济总剩余的72.58%，消费者剩余占经济剩余的27.42%，福利分配偏好于生产者。但封闭条件下，农业技术进步并没有促进农户福利的改善，消费者分享了农业技术进步的绝大多数福利。

（5）运用局部均衡分析方法，在对供给价格弹性、需求价格弹性及出口需求弹性估计的基础上，基于国际粮食价格剧烈波动的现实，以大米为例分析关税变动对不同主体福利变动的影响。研究结果表明，关税水平的降低一定程度促进了整体社会福利水平的改善，但其福利效应在生产者、消费者、政府等不同主体之间的分配是非均衡的，关税水平的降低促进了消费者福利和政府财政收入的增加，贸易条件的改善，但同时也导致了生产者的巨大损失和汇率的损失。因此，政府应对不同主体的福利效应进行权衡，从而实现福利均衡，促进大米产业的稳定发展。

第二章　我国粮食生产格局变化及价格波动趋势分析

在长期发展过程中，我国逐步形成了粮食主产区、平衡区和主销区、生产格局。粮食主产区对我国粮食生产和经济社会发展具有显著作用。我国粮食主产区自然资源良好，粮食生产条件优越，生产经验丰富，粮食产业发展潜力大，为我国粮食产量做出巨大贡献。主产区粮食产量占我国粮食产量的比例从1978—2011年一直保持在70%左右，是我国粮食生产的重要基地，但近年来我国粮食主产区粮食生产面临一些问题：耕地面积不断减少，土壤肥力下降，水资源短缺，农田水利设施基础薄弱，粮食生产成本提高等严重制约了我国主产区粮食生产发展，威胁我国粮食安全。粮食产销平衡区，占我国粮食总产量的比例基本维持在21%左右，虽然对我国粮食产量的贡献有限，但基本能保持自给自足。但由于不断深化的"粮改"政策，增加了工业用粮量，调整了各地的农业产业结构，减少了地方粮食储备，增加了外调粮比例，进而改变了平衡区的粮食产销供求形势，增大了粮食供给缺口，使得粮食安全问题越来越严重。粮食主销区，原本粮食播种面积仅占我国粮食播种面积的10%左右，粮食产量也停留在14%左右，随着主销区城市化和工业化飞速发展，非农人口比重越来越大，房地产业、金融业的蓬勃发展，导致主销区粮食播种面积急剧下降，2011年仅占我国粮食播种面积的5.7%，粮食产量的比例也锐减到6.3%。城市化进程和粮食市场化威胁主销区粮食安全。我国粮食生产在长期演变过程中逐步形成了特征明显的区域格局，本章主要采用定性分析法，对我国粮食生产现状及三大区域粮食产量、粮食播种面积和粮食价格变动进行描述性分析和比较。

第一节 我国粮食生产现状及粮食分区

改革开放的 34 年间我国粮食产量总体上呈波动式增长态势，从 1978 年的 30477 万吨上涨到 2011 年的 57120 万吨，上涨幅度达到 46.64%，年均递增 1.37%。我国的粮食播种面积在整体上呈现下降趋势，从 1978 年全国粮食播种面积 120587.2 千公顷逐渐下降到 2011 年的 110573 千公顷，年均下降 0.1%。我国地域辽阔，自然环境差异较大，不同区域对我国粮食产量增长贡献不同。在长期的发展过程中，逐步形成了粮食主产区、产销平衡区、主销区生产格局。根据《国家粮食安全中长期规划纲要（2008—2020 年）》划分标准，选择河南、内蒙古、湖南、河北、四川、吉林、辽宁、江西、山东、江苏、安徽、湖北、黑龙江 13 个省份作为我国粮食生产的主产区；选择陕西、云南、广西、新疆、重庆、甘肃、山西、青海、贵州、宁夏、西藏 11 个省份作为我国粮食生产的产销平衡区；浙江、北京、福建、上海、广东、天津、海南 7 个省份作为我国粮食生产的主销区。

第二节 我国粮食主产区、产销平衡区 和主销区生产格局变化分析

一 三大区域粮食播种面积变动趋势

从图 2-1 可知，主产区粮食播种面积占全国粮食播种面积的比例整体呈上升趋势，从 1978 年的 67.95% 上升到 2011 年的 68.24%，呈小幅波动上升趋势。主产区粮食播种面积的波动具体可分为四个特征明显的阶段。第一阶段是 1978—1986 年，主产区粮食播种面积占全国粮食播种面积的比例稳步上升（67.95%—70.25%）。第二阶段是 1987—1996 年，主产区粮食播种面积占全国粮食播种面积的比例没有出现较大波动，基本保持在 69.60% 左右。第三阶段是 1997—2000 年，主产区粮食播种面积占全国粮食播种面积的比例持续下滑，降至 67.43%。第四阶段是 2001—2011 年，主产区粮食播种面积占全国粮食播种面积的比例大幅攀升，平

均上涨了 0.64%。

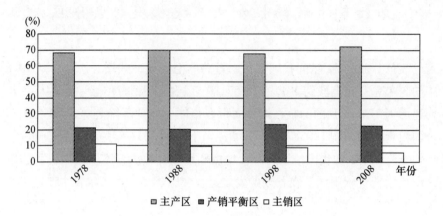

图 2 - 1　三大区域粮食播种面积占全国比重

产销平衡区粮食播种面积占全国粮食播种面积比重变化不大，1978—
2011 年年均粮食播种面积占全国粮食播种面积的 21.79%。

主销区粮食播种面积占全国粮食播种面积的比例总体呈现下降趋势，
从 1978 年的 10.83% 下降至 2011 年的 3.65%，年均下降 0.21%。

二　三大区域粮食总产量变动趋势

从图 2 - 2 可知，我国粮食主产区粮食产量占全国粮食产量的比例呈
现出在波动中上升的趋势，从 1978 年的 69.31% 上升到 2011 年的
77.39%，年均递增 0.24%。1978—1983 年，主产区粮食产量占全国比例
处于波动中上升的趋势（69.31%—71.65%）；1981 年主产区粮食产量占
全国粮食产量出现了小幅下降，下降到 69.27%；1984—1987 年，主产区
粮食产量占全国粮食产量的比例处于持续上升阶段（72.1%—73.19%）；
而在 1988—1989 年连续两年下降（72.84%—71.63%），1990—1996 年
又出现持续上升态势（72.83%—73.59%）；1997—2003 年呈现波动式上
升特征，年均上涨了 0.21%；2004—2011 年又出现持续上升趋势
（72.67%—77.39%）。

产销平衡区粮食产量占全国粮食产量比例变化不大，1978—2011 年
年均粮食产量占全国粮食产量为 17.12%。

主销区粮食产量占全国粮食产量的比例总体呈现下降趋势，从 1978
年的 14.17% 下降至 2011 年的 5.96%，年均下降 0.24%。

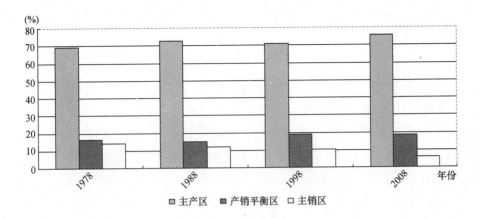

图 2 - 2　三大区域粮食产量占全国比重

第三节　我国粮食价格波动趋势分析

一　三大区域粮食生产价格波动趋势

从图 2 - 3 可知，我国粮食主产区、产销平衡区和主销区粮食生产价格出现了频繁且剧烈波动。

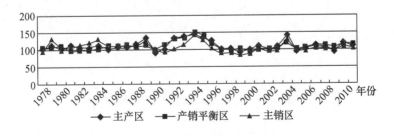

图 2 - 3　三大区域粮食生产价格变动

1978—2011 年主产区，整体粮食生产价格年均上涨了 8.02%。粮食生产价格在 1979—1990 年处于波动中上升阶段，年均上涨 6.14%；在 1991—1992 年出现了短暂下降之后，又从 1993—1998 年出现了较大幅度的上升，年均上涨 22.56%；之后在 1999—2000 年出现了微幅下降后，从 2001—2005 出现较大幅度的增长，年均上涨 10.87%；而在 2006—2007 年出现了短暂下降之后，从 2008 年开始稳步上升，年均上涨 18.31%。

产销平衡区粮食生产价格在 1978—2011 年年均上涨 7.22%。粮食生产价格在 1979—1989 年处于小幅稳步上升阶段，年均上涨 6.05%；在 1990 年出现了短暂下降之后，又从 1991—1996 年出现了较大幅度的上升，年均上涨 27.45%；之后 1997—2002 年处于一个下降的阶段，年均下降 9.39%；而 2003—2004 年出现较大幅度的增长后，基本呈现稳步上升的趋势，年均上升 14.49%。

主销区 1978—2011 年粮食生产价格年均上涨 10.62%。粮食生产价格一直处于较大幅度波动中上升态势。在 1979 年、1984 年、1989 年、1995 年、2004 年均出现了较大幅度增长，上涨幅度均大于 25%。主销区粮食生产价格的波动趋势基本与主产区和产销平衡区的波动趋势一致，但波动幅度比较大。

二 三大区域粮食零售价格波动趋势

从图 2-4 可知，我国粮食主产区、产销平衡区和主销区粮食零售价格也出现了频繁且剧烈波动。

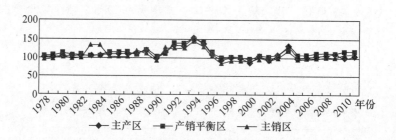

图 2-4 三大区域粮食零售价格变动

1978—2011 年，主产区整体粮食零售价格年均上涨了 8.49%。主产区 1978—2011 年整体粮食零售价格年均上涨了 8.49%。粮食零售价格 1979—1997 年除个别年份出现小幅下降外，基本呈现上升趋势，年均上涨 7.47%，而在个别年份如 1994 年涨幅达 43.51%；1998—2003 年处于下降的阶段，年均下降 5.75%；之后 2004—2011 年呈稳步上升趋势，年均上涨 14.77%，个别年份如 2004 年和 2010 年涨幅均超过了 35%。

产销平衡区粮食生产价格 1978—2011 年均上涨 8.17%。粮食生产价格 1979—1990 年处于小幅稳步上升阶段，年均上涨 4.54%；1990 年出现了短暂下降之后，又从 1991—1996 年出现了较大幅度的上升，年均上涨 24.93%；1997—2002 年处于下降的阶段，年均下降 4.11%；之后除在 2004 年出现了较大幅度的增长后，基本呈现出平稳上升的趋势，年均上升 13.29%。

1978—2011 年主销区粮食生产价格年均上涨 11.07%。粮食生产价格一直处于较大幅度波动中上升的趋势。1983 年、1984 年、1995 年、2003 年、2004 年、2005 年均出现了较大幅度的增长。主销区粮食零售价格的波动趋势基本与主产区和产销平衡区的波动趋势一致，但波动幅度在多个年份大于主产区和产销平衡区粮食零售价格变动幅度。

三　三大区域粮食价格波动比较

我国粮食主产区、产销平衡区和主销区粮食生产价格变动趋势基本一致，但粮食主销区粮食生产价格年均上涨幅度（10.62%），大于主产区粮食生产价格的年均上涨幅度（8.02%），也大于产销平衡区的粮食生产价格的年均上涨幅度（7.22%）

三大区域的粮食零售价格的变动趋势也基本一致，但粮食主销区粮食零售价格年均上涨幅度（11.07%）大于主产区粮食零售价格的年均上涨幅度（8.49%）大于产销平衡区的粮食零售价格年均上涨幅度（8.17%）。

三大区域的粮食生产价格和粮食零售价格出现了频繁且剧烈波动，总体都处于波动中上升的趋势，且其波动趋势大致一样，但整体上各区域粮食零售价格波动的幅度大于粮食生产价格的波动幅度。

第四节　主产区、产销平衡区和主销区粮食产量影响因素的实证分析

近年来，粮食安全形势严峻，国际粮食危机严重，而粮食是社会安定和国家发展的重要基础，粮食安全一直是关系国计民生的重要社会问题（姜长云，2006）。由于我国人口基数大，粮食供求一直面临紧平衡的困扰，粮食安全的区际平衡受到严峻考验。主销区粮食自给率急剧下降，主产区粮食调出量逐步减少，自求平衡地区粮食供需缺口逐步扩大，粮食产

量不仅受资本、劳动力、技术等社会生产要素的影响，而且受自然环境等因素的影响，是自然再生产与经济再生产交织的过程。由于广阔的地域条件，以及较大的自然社会经济环境差异，导致影响各地区粮食生产的主要因素不尽相同。本书试图通过对影响我国粮食主产区、产销平衡区和主销区粮食生产的因素进行分析和比较，探寻各区域粮食生产的主要制约因素，进而提出差异化的区域粮食生产政策建议。

国内学者对我国粮食生产高度关注，对影响粮食生产的因素进行了大量研究。一些学者利用计量经济模型估计了影响粮食生产因素的弹性和贡献率，得出粮食播种面积、物资投入和化肥施用量是影响粮食综合生产能力的主要因素（陈秧分等，2013；薛剑等，2013）。而汪彤等（2008）的研究则认为我国粮食成灾面积增长率和种植面积增长率对粮食产量的影响作用和程度最显著；张驰等（2011）运用 VAR 模型对影响我国粮食产量的因素进行分析认为，我国 1998—2003 年间粮食产量的连续下降不是自然原因和农业投入，而是农业政策和其他原因。黄金波等（2010）探讨了粮食生产效率，得出农业基础设施建设和制度因素是影响我国粮食生产技术效率的关键因素。周应恒、李洁（2006）、刘东勋（2013）采用索洛余值法、全要素生产率方法、DEA 方法测算了农业技术进步对粮食增长的贡献率，基本结论是农业技术进步是我国粮食增长的主要源泉。一些学者分析了我国粮食单产和面积的变化趋势，得出了相似的结论，即技术进步是提高我国粮食产量的新途径（薛剑等，2013；李妍，2009）。也有学者专注于某一区域粮食综合影响因素研究（朱红根等，2010；曾福生等，2011；刘宁等，2011），认为各地区存在一定差异，但差异因素各不相同。

综上所述，国内学者对影响我国粮食生产因素进行了深入研究，主要从全国或某个区域视角，探讨了粮食生产的影响因素，不同学者选取的解释变量不同，所得结论差异较大。此外，一些学者对中国粮食地区差异的影响因素进行了比较研究，但从粮食主产区、产销平衡区和主销区视角进行比较研究较为少见。本书基于我国粮食生产分工格局现实，对我国粮食主产区、产销平衡区和主销区粮食产量影响因素进行实证研究，以期为提高我国粮食生产能力，保障粮食安全提供有效途径。

一　我国粮食生产格局变化分析

改革开放以来，我国粮食产量总体呈波动式增长的态势。1978 年，全国粮食产量 30477 万吨，2009 年达到 53081 万吨，32 年间共增加了

65.31%，年均递增2%。我国地域辽阔，自然环境差异较大，不同区域对粮食产量增长贡献不同。在长期的发展过程中，逐步形成了粮食主产区、产销平衡区、主销区生产格局。根据《国家粮食安全中长期规划纲要（2008—2020年）》划分标准，从粮食种植区划上，粮食生产主要分布于长江中游区、黄淮海区和东北区，其中，种植面积在400万公顷以上的省份有河北、内蒙古、吉林、黑龙江、江苏、安徽、山东、河南、湖南、四川；辽宁、江西、湖北3个省份的粮食种植面积也超过了300万公顷，将这13个省份作为粮食主产区。粮食主产区相对于非主产区而言，是指地理、土壤、气候、技术等条件适合种植粮食作物、粮食产量高、种植比例大，除区内自身消费外还可以大量调出商品粮的经济区域。选择山西、广西、重庆、贵州、云南、西藏、陕西、甘肃、青海、宁夏、新疆11个省区作为我国粮食生产的产销平衡区；北京、天津、上海、浙江、福建、广东、海南7个省份作为我国粮食生产的主销区。

主产区粮食产量占我国粮食产量的比例一直保持在72%左右，是我国粮食生产的重要基地，但近年来，我国粮食主产区粮食生产面临一些问题：耕地面积不断减少，土壤肥力下降，水资源短缺，农田水利设施基础薄弱，粮食生产成本提高等严重制约了我国主产区粮食生产发展，威胁我国粮食安全。

粮食产销平衡区，占我国粮食总产量的比例基本维持在17%左右，虽然对我国粮食产量的贡献有限，但基本能保持自给自足。但由于不断深化的"粮改"政策，增加了工业用粮量，调整了各地的农业产业结构，减少了地方粮食储备，增加了外调粮比例，进而改变了平衡区的粮食产销供求形势，增大了粮食供给缺口，使得粮食安全问题越来越严重。

粮食主销区，粮食播种面积占我国粮食播种面积和粮食产量的比例基本都维持在10%左右，随着主销区城市化和工业化的飞速发展，非农人口比重越来越大，房地产业、金融业的蓬勃发展，导致主销区粮食播种面积急剧下降，城市化进程和粮食市场化威胁主销区粮食安全。

（一）粮食主产区、产销平衡区和主销区粮食产量占全国粮食产量比例变动趋势

粮食主产区、产销平衡区和主销区粮食产量占全国粮食产量比例变化如图2-5所示。

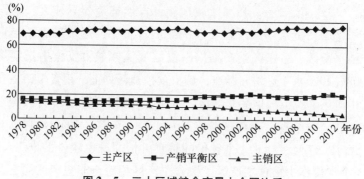

图 2 – 5　三大区域粮食产量占全国比重

我国粮食主产区，自然资源良好，粮食生产条件优越，生产经验丰富，粮食产业发展潜力大，为我国粮食产量做出巨大贡献。主产区粮食产量占全国粮食产量的比例呈现出在波动中上升的趋势，从 1978 年的 69.31% 上升到 2013 年的 76%，年均递增 0.18%。产销平衡区虽然对我国粮食产量的贡献有限，但基本能保持自给自足。产销平衡区粮食产量占全国粮食产量的比例变化不大，1978—2013 年年均粮食产量占全国粮食产量为 17.12%，近几年出现了微幅增长的趋势；而主销区粮食产量占全国粮食产量的比例总体呈现下降趋势，从 1978 年的 14.17% 下降至 2013 年的 4.7%，年均下降 0.25%。

（二）粮食主产区、产销平衡区和主销区粮食播种面积占全国粮食播种面积比例变动趋势

粮食主产区、产销平衡区和主销区粮食播种面积占全国粮食播种面积比例变化如图 2 – 6 所示。

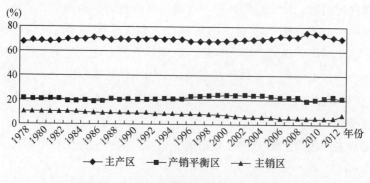

图 2 – 6　三大区域粮食播种面积占全国比重

主产区粮食播种面积占全国粮食播种面积的比例整体呈上升趋势，从1978年的67.95%上升到2013年的71.66%，年均增长0.1%。产销平衡区粮食播种面积占全国粮食播种面积的比重变化不大，1978—2013年年均粮食播种面积占全国粮食播种面积为21.67%。主销区粮食播种面积占全国粮食播种面积的比例总体呈现下降趋势，从1978年的10.83%下降至2013年的5.4%，年均下降0.15%。

从上述分析可以看出，粮食主产区和主销区粮食产量比例与粮食播种面积占全国比例基本匹配，但产销平衡区却存在较大差距，产销平衡区粮食播种面积占全国的比例为21.67%，但粮食产量占全国的比例仅为17%左右，这主要是由于产销平衡区退耕还林和粮食种植结构调整等因素，粮食产量下降较多，粮食产需缺口加大。

二　粮食主产区、产销平衡区和主销区产量影响因素的实证分析

（一）研究方法与数据说明

研究粮食产量影响因素，通常采用CD函数、超越对数函数、线性回归方法和DEA方法等，本书采用经典的CD函数，分别建立主产区、产销平衡区和主销区粮食产量计量方程，分析不同区域粮食生产主要影响因素。模型构建如下：

$$\ln Y = a_{ij} \sum_{i=1,j=1}^{i=3,j=9} \ln X_{ij} + \varepsilon_{ij} \tag{2.1}$$

其中，Y_i表示第i个区域的粮食总产量，X_{ij}代表第i个区域第j个解释变量，a_{ij}代表第i个区域第j个影响因素即解释变量的弹性系数，ξ_{ij}代表随机误差项。

影响粮食产量因素方方面面，但由于本书采用时间序列数据分析影响粮食产量的非价格因素，未对粮农的种植意愿，以及粮食生产与其他作物的经济利益比较进行调研，因此在参考以往文献的基础上，本书将影响粮食产量的因素可归纳为生产条件、物资投入、劳动力投入、技术进步、农业政策和各种自然灾害等。结合实际和已有文献对解释变量的选择，拟选择的解释变量为粮食播种面积、有效灌溉面积、成灾面积、化肥施用量、第一产业从业人数、农业机械总动力、农业财政支出、农业贷款等因素。采用1978—2013年中国粮食生产相关数据资料，对影响粮食产量的因素进行实证分析。所用数据主要来自各年度的《中国统计年鉴》、《中国农村统计年鉴》、《中国农业统计年鉴》、《新中国60年统计资料汇编》、《全

国农产品成本收益资料汇编》等。

（二）结果分析

运用 Eviews6.0 对（2.1）式进行回归分析，逐步剔除最不显著的影响因素，得出三大区域粮食产量的主要影响因素回归方程如下：

主产区回归方程：

$$\ln Y_1 = -8.484 + 1.505X_{11} - 0.097\ln X_{13} + 0.308\ln X_{14} - 0.129\ln X_{17} + 0.163\ln X_{18}$$
$$(9.142^{***})(-3.896^{***})(-3.127^{***})(-6.190^{***})(4.690^{***})$$
$$(2.2)$$

$\bar{R}^2 = 0.970, \ F = 229.621$

说明：* significant at 10%，** significant at 5%，*** significant at 1%。

从主产区回归结果可以看出，粮食播种面积、成灾面积、化肥施用量、农业财政支出、农业贷款，均通过 1% 显著性检验，是影响主产区粮食产量的主要因素。其中，粮食播种面积的符号为正，对粮食产量具有显著影响，粮食播种面积每增加 10%，粮食产量增加 15.05%；而成灾面积的符号为负，且弹性系数较小，意味着成灾面积是粮食产量增加的制约因素，但影响较弱；化肥施用量对粮食产量的增长具有重要影响，化肥施用量每增加 10%，粮食产量增加 3.08%；农业财政支出的符号为负，与预期不一致。这一研究结果与姜长云、张艳平（2009）的研究结果相似，原因是农业财政支出按人头支出未真正用于农业生产，导致地方财政负担过重，打击了主产区农民种粮积极性，挫伤了地方政府增加粮食产量的积极性。农业贷款对粮食产量的影响显著，农业贷款每增加 10%，粮食产量增加 1.63%。

产销平衡区回归方程：

$$\ln Y_2 = -6.103 + 1.233\ln X_{21} - 0.106\ln X_{23} + 0.174\ln X_{24} + 0.264\ln X_{26} \quad (2.3)$$
$$(6.4067^{***})(-1.729^*)(2.013^{**})(5.093^{***})$$

$\bar{R}^2 = 0.917; \ F = 97.176$

说明：* significant at 10%，** singificant at 5%，*** significant at 1%。

从产销平衡区的回归结果可以看出，粮食播种面积，成灾面积，化肥施用量，农业机械总动力，是影响产销平衡区粮食产量的主要因素。其中，粮食播种面积通过 1% 水平下的显著性检验，对粮食产量具有显著正向影响，粮食播种面积每增加 10%，粮食产量增加 12.33%；成灾面积通过 5% 水平下的显著性检验，且符号为负，对粮食产量的影响程度较大，意味着成灾面积是阻碍粮食产量增加的重要因素；化肥施用量通过 1% 水平下的显著性检验，每增加 10%，粮食产量增加 1.74%；农业机械总动力通过 1% 水平下的显著性检验，每增加 10%，粮食产量增加 2.64%。

主销区回归方程：

$$\ln Y_3 = -5.003 + 1.331\ln X_{31} - 0.033\ln X_{33} + 0.135\ln X_{34} + 0.101\ln X_{38} \quad (2.4)$$
$$(16.534^{***})(-1.697^{*})(4.390^{***})(7.502^{***})$$

$$\overline{R}^2 = 0.968; \ F = 266.164$$

说明：* significant at 10%，** singificant at 5%，*** significant at 1%。

从主销区回归方程可以看出，粮食播种面积、成灾面积、化肥施用量、农业贷款是影响主销区粮食产量的主要因素。其中，粮食播种面积通过 1% 水平下的显著性检验，是粮食产量增加的重要因素，粮食播种面积每增加 10%，粮食产量增加 13.31%；成灾面积通过 10% 水平下的显著性检验，符号为负，且弹性系数较小，表明成灾面积是粮食产量增加的制约因素，但其对粮食产量的影响程度相对较小；化肥施用量通过 1% 水平下的显著性检验，化肥施田量每增加 10%，粮食产量增加 1.35%；农业贷款通过 1% 水平下的显著性检验，农业贷款每增加 1%，粮食产量增加 1.01%。

（三）粮食主产区、产销平衡区和主销区粮食产量主要影响因素比较分析

根据对我国粮食主产区、产销平衡区和主销区粮食产量回归结果分析，各区域粮食产量主要影响因素及其影响程度比较结果如下：

（1）三大区域影响粮食产量的主要因素存在一定差异，主产区粮食产量的主要影响因素依次是：粮食播种面积（1.505）、成灾面积（-0.097）、化肥施用量（0.308）、农业财政支出（-0.129）、农业贷款（0.163）；产销平衡区粮食产量的主要影响因素依次是：粮食播种面积（1.233）、成灾面积（-0.106）、化肥施用量（0.174）、农业机械总动力（0.264）。主销区粮食产量的主要影响因素依次是：粮食播种面积（1.331）、成灾面积（-0.033）、化肥施用量（0.135）、农业贷款（0.101）。

（2）三个区域中粮食播种面积均在 99% 的置信水平下显著，而且三个区域粮食播种面积弹性系数均大于 1，表明无论哪个区域粮食播种面积都是增加粮食产量最为关键的因素，但对各区域的影响程度存在一定差异，

其中主产区粮食播种面积对粮食产量的弹性系数最大，化肥施用量对三个区域粮食产量的影响也很显著，尤其对主产区的影响程度最大。此外，成灾面积对三大区域粮食产量的影响作用也非常明显，均在90%的置信水平下显著。意味着自然灾害频发是各区域粮食减产的主要影响因素。

（3）三个区域粮食产量的因素也存在一定的差异，农业财政支出仅对主产区的影响显著，但影响是负向作用，挫伤了主产区农民种粮的积极性，而农业贷款对主产区和主销区粮食产量的影响均比较显著，这说明农业贷款对农业的促进作用较为明显，但是产销平衡区经济发展相对落后，观念转变缓慢，被"不喜欢借钱过日子"的观念束缚，影响了农业贷款对粮食产业发展的促进作用；同样，在主产区和主销区由于经济发展迅速，技术进步带给粮食产业的影响已经不十分显著，而对产销平衡区的影响却较为显著。

有效灌溉面积和第一产业从业人数对三个区域粮食产量影响均不显著，从以往文献以及经济常识可知，有效灌溉面积是粮食产量最重要影响因素之一，但本书研究结果十分显著，一方面是有效灌溉面积在粮食播种面积的占比比较小，虽然已从1978年的37%增长到目前的50%左右，但仍有较多的粮食播种面积处于干旱半干旱状态，而干旱是粮食增产的重要障碍因素。另一方面是有效灌溉面积和粮食播种面积统计分析中存在一定的共线性，使得有效灌溉面积对粮食产量的作用被削弱。

第一产业从业人数即劳动力对粮食产量的贡献不大，反映了三大区域农村劳动力存在过剩的现象，不断增加劳动力会导致劳动效率下降。

表 2 - 1   三大区域粮食产量影响因素

变量	影响程度		
	主产区	产销平衡区	主销区
粮食播种面积	1.505	1.233	1.331
有效灌溉面积	不显著	不显著	不显著
成灾面积	−0.097	−0.106	−0.033
化肥施用量	0.308	不显著	0.135
第一产业从业人数	不显著	不显著	不显著
农业机械总动力	不显著	0.264	不显著
农业财政支出	−0.129	不显著	不显著
农业贷款	0.163	不显著	0.101

（四）结论与建议

无论是主产区还是产销平衡区和主销区，粮食播种面积都是增加粮食产量最为关键的因素。成灾面积对粮食产量具有重要影响，是粮食增产的最大障碍因素。而三大区域粮食产量的影响因素及其程度差异较大，意味着各区域应根据自己实际情况实施差别化的农业政策。

"民以食为天"，土地是粮食安全的最基本因素，因此，必须将"基本农田保护区条例"落到实处，严格执行土地用途管制制度，建立永久农田保护区，保证耕地面积的基本稳定。粮食主产区是我国粮食生产的核心区域，对确保国家粮食的有效供给具有决定性作用。一旦粮食主产区出现问题，就会直接危及国家的粮食安全和社会稳定。而且粮食主产区的13个省份主要是北方地区，受特定自然条件、市场因素、加工规模等条件限制，种植经济作物往往不如种粮，种植粮食是降低土地机会成本的最优选择。同时粮食主产区应加强农业财政支出监管力度，使其真正用于农业生产，并提高农业机械总动力的效率，增强技术进步对农业生产的积极是作用。

产销平衡区由于受自然地理环境影响，山区较多，土地较为分散，规模效应低，为了防御粮食产量不断下降，在保证粮食基本稳定的同时，加大政府的扶持力度，完善对种粮农民直接补贴的政策，执行最低收购价格，加快粮食批发市场建设力度，发展"粮食订单"，促进粮食产业化的发展。同时应建立健全普惠型农村金融制度和财政支农扶农政策，扶持村镇银行、农村资金互助社、小额贷款公司等新型农村金融机构，提高农民应对风险的能力和农民种粮的积极性。

粮食主销区，主要位于经济发达的沿海省份，城镇化、工业化程度高，导致耕地面积快速减少，粮食产量逐年降低，而由于外来务工人员增加等因素使得粮食的需求量却在不断增大。粮食主销区应尽量减少农业用地被占用并用于非农业生产的情况，加强农业科技的研发和推广，提高粮食生产能力。

自然灾害是影响粮食产量最主要的障碍因素，应加强农业基础设施建设，提高农业抗灾减灾能力。建立健全政策性粮食自然灾害保险制度，用足用好世界贸易组织规则中农业保险"绿箱"政策，增强农民防御能力和应对灾害能力。

第三章 主产区、产销平衡区和主销区粮食供求弹性分析

本章在对所选变量进行数据平稳性检验基础上，运用逐步回归法和回归方程残差进行单位根检验方法对三大区域粮食供给和需求影响因素模型的变量作协整检验，进而估计得出三大区域粮食供给弹性、需求价格弹性和收入弹性，并在此基础上分析三大区域粮食希克斯需求弹性及变动趋势。

第一节 变量选择、数据来源及平稳性检验

一 变量选择

影响粮食产量因素很多，可归纳为生产条件、物资投入、劳动力投入、技术进步、农业政策和各种自然灾害等。结合实际和已有文献对解释变量的选择，拟选择的解释变量为：粮食播种面积（area）、有效灌溉面积（irri）、成灾面积（dis）、化肥施用量（fer）、上年农业生产资料价格指数（pp）、第一产业从业人数（labors）、农业机械总动力（tec）、农业财政支出（f）、农业贷款（l）、上年粮食生产价格（p^p）等因素。而影响粮食需求的因素主要归纳为收入（gni），粮食零售价格（p^c），当年粮食收购价格（p）。

二 数据来源

本书使用1978—2011年主产区、产销平衡区和主销区粮食生产、消费、价格及其他相关数据进行参数估计与福利测算。数据来源主要有中国国家统计局数据库（http：//www.stats.gov.cn/tjsj/）及各年度的《中国统计年鉴》、《中国农村统计年鉴》、《中国农业统计年鉴》、《新中国60年统计资料汇编》、《全国农产品成本收益资料汇编》等。为避免通货膨胀

的影响，其中主产区、产销平衡区和主销区的粮食生产价格指数和粮食零售价格指数均运用相应的 CPI 指数进行了处理。对供给模型和需求模型进行估计时所用变量均进行了对数化处理。本书使用软件 Eviews 6.0 进行计量分析。

三　平稳性检验

因本书采用时间序列数据，在对所构建的供给和需求模型进行估计之前，应对各个变量进行单位根检验（ADF 检验），防止存在"伪回归"现象。首先，对所构建的主产区、产销平衡区和主销区粮食供给和需求模型的变量进行单位根检验，结果见表 3 - 1。检验结果表明三大区域粮食供给模型中 11 个变量的对数值和三大区域粮食需求模型中 4 个变量的对数值在 10% 的显著性水平下均为不平稳序列，一阶差分后分别在 1%、5% 和 10% 的显著性水平上平稳，说明三个区域供给模型的 11 个变量和需求模型的 4 个变量序列均是一阶单整序列，因此，构造的供给模型和需求模型均具备协整的必要条件。

第二节　三大区域粮食供给价格弹性分析

一　供给函数模型

本书对三大区域粮食供给价格弹性的估计采用"柯布—道格拉斯生产函数模型"。

柯布—道格拉斯生产函数最初是经济学家保罗·道格拉斯（Paul H. Douglas）和美国数学家柯布（C. W. Cobb）共同探讨投入和产出关系时引入技术因素对生产函数进行改进而来的，认为在生产中每种要素都是必需的，因为如果有任何一种投入品为零，则产出也为零，即没有一种要素可以完全替代另一种要素。是经济学中使用最广泛的一种生产函数形式，

柯布—道格拉斯生产函数模型如下：

$$Q = AK^{\alpha}L^{\beta} \tag{3.1}$$

其中，Q、K、L 分别表示产值、资金、劳动力，α 是劳动力产出的弹性系数，β 是资本产出的弹性系数。

表 3 - 1　变量的 ADF 检验结果

变量	主产区			产销平衡区			主销区			结论
	检验类型 (C, TN, K)	ADF 检验统计量	临界值	检验类型 (C, TN, K)	ADF 检验统计量	临界值	检验类型 (C, TN, K)	ADF 检验统计量	临界值	
ln (Q)	(C, T, 3)	-3.0586	-3.2253	(C, T, 2)	-0.6707	-2.623	(C, T, 1)	-0.4523	-2.621	不平稳
Δln (Q)	(C, T, 4)	-3.2833**	-2.981	(C, T, 1)	-6.7412***	-3.6793	(C, T, 0)	-4.9963***	-3.6702	平稳
ln (area)	(C, T, 4)	-1.6754	-2.6274	(C, N, 1)	-0.087	-1.6102	(C, T, 0)	0.3568	-2.6192	不平稳
Δln (area)	(C, N, 3)	-2.5852**	-1.9539	(C, T, 0)	-8.6235***	-3.6702	(C, T, 0)	-3.799***	-3.6702	平稳
ln (irri)	(C, T, 0)	0.2768	-2.6192	(C, T, 0)	3.3288	-2.6192	(C, N, 1)	-0.1116	-1.6102	不平稳
Δln (irri)	(C, T, 0)	-4.6984***	-3.6702	(C, T, 0)	-3.9035*	-3.2184	(C, T, 0)	-9.0339***	-3.6702	平稳
ln (dis)	(C, N, 2)	-0.1677	-1.61	(C, N, 1)	0.0839	-1.6102	(C, T, 2)	-0.2569	-3.2217	不平稳
Δln (dis)	(C, T, 1)	-7.4168***	-4.3098	(C, T, 0)	-8.0911***	-3.6702	(C, T, 1)	-9.2031***	-4.3098	平稳
ln (fer)	(C, T, 0)	-1.0562	-2.6192	(C, T, 0)	-2.1221	-2.6192	(C, T, 0)	-2.1827	-2.6192	不平稳
Δln (fer)	(C, T, 0)	-9.5005***	-3.6702	(C, T, 0)	-6.6014***	-3.6702	(C, T, 0)	-3.2052	-2.9639	平稳
ln (pp)	(C, T, 0)	-0.5828	-2.6192	(C, T, 0)	0.374	-3.2153	(C, T, 1)	-1.3605**	-2.621	不平稳
Δln (pp)	(C, T, 0)	-2.9207*	-2.621	(C, T, 0)	-4.3363***	-4.2967	(C, T, 0)	-2.7878*	-2.621	平稳
ln (labor)	(C, T, 5)	2.7676	-2.6299	(C, T, 0)	-1.3055	-3.2153	(C, T, 0)	-1.4642	-3.2153	不平稳
Δln (labor)	(C, T, 0)	-8.4229***	-4.2967	(C, T, 0)	-7.366***	-4.2967	(C, T, 0)	-5.5421***	-3.6702	平稳
ln (tec)	(C, T, 1)	0.1858	-2.621	(C, T, 3)	-1.8264	-3.2253	(C, T, 3)	-1.8455	-3.2253	不平稳
Δln (tec)	(C, T, 0)	-3.2052**	-2.964	(C, T, 0)	-7.0515***	-4.2967	(C, T, 2)	-5.0138***	-4.324	平稳

续表

变量	主产区			产销平衡区			主销区			结论
	检验类型 (C, TN, K)	ADF检验统计量	临界值	检验类型 (C, TN, K)	ADF检验统计量	临界值	检验类型 (C, TN, K)	ADF检验统计量	临界值	
$\ln(f)$	(C, T, 0)	2.9839	-2.6192	(C, T, 0)	1.8322	-2.6192	(C, T, 0)	2.0305	-2.6192	不平稳
$\Delta\ln(f)$	(C, T, 0)	-4.384***	-3.6702	(C, T, 0)	-5.3253**	-3.6702*	(C, T, 0)	-4.182***	-3.6617	平稳
$\ln(l)$	(C, T, 0)	-0.183	-2.6192	(C, T, 0)	-1.7526	-2.6192	(C, T, 0)	-1.2022	-2.6192	不平稳
$\Delta\ln(l)$	(C, T, 0)	-5.5685***	-3.6702	(C, T, 1)	-15.3542***	-3.8868	(C, T, 1)	-4.235***	-3.6793	平稳
$\ln(p^p)$	(C, N, 0)	0.7394	-1.6107	(C, T, 1)	-1.6502	-2.6174	(C, T, 1)	-1.516	-2.617	不平稳
$\Delta\ln(p^p)$	(C, T, 0)	-5.2155***	-2.6174	(C, T, 0)	-5.201***	-2.6174	(C, T, 0)	-4.403***	-2.617	平稳
$\ln(d)$	(C, T, 0)	1.4891	-3.6617	(C, T, 0)	0.1919	-2.616	(C, T, 2)	0.228	-2.619	不平稳
$\Delta\ln(d)$	(C, T, 0)	-6.5093***	-3.6702	(C, T, 0)	-6.264***	-2.617	(C, T, 1)	-6.941***	-2.619	平稳
$\ln(gmi)$	(C, T, 2)	-0.1769	-3.6793	(C, T, 0)	-0.098	-2.617	(C, T, 2)	-0.541	-2.619	不平稳
$\Delta\ln(gmi)$	(C, T, 1)	-3.6062**	-3.6793	(C, T, 0)	-2.984*	-2.617	(C, T, 1)	-2.885*	-2.619	平稳
$\ln(p^c)$	(C, T, 1)	-1.2932	-3.6702	(C, T, 0)	-2.453	-2.616	(C, T, 1)	-1.517	-2.617	不平稳
$\Delta\ln(p^c)$	(C, T, 0)	-3.2871**	-3.6702	(C, T, 0)	-5.688***	-2.617	(C, T, 0)	-3.561**	-2.617	平稳
$\ln(p)$	(C, T, 0)	-0.5828	-2.6192	(C, T, 1)	-1.6502	-2.6174	(C, T, 1)	-1.516	-2.617	不平稳
$\Delta\ln(p)$	(C, T, 0)	-2.9207*	-2.621	(C, T, 0)	-5.201***	-2.6174	(C, T, 0)	-4.403***	-2.617	平稳

注：(1) 检验类型 (C, TN, K) 表示单位根检验方程，其中 C、T/N、K 分别表示单位根检验方程中的常数项、时间趋势和滞后阶数；(2) ***代表1%的显著性水平，**代表5%的显著性水平，*代表10%的显著性水平；(3) Δ代表序列的一阶差分。

由于柯布—道格拉斯生产函数是一个非线性模型,对生产函数取对数,可得:

$$\ln(Q) = \ln(A) + \alpha\ln(K) + \beta\ln(L) \tag{3.2}$$

柯布—道格拉斯生产函数主要应用于制造业的,农业生产具有自身的特点,结合粮食生产的特性,考虑影响粮食生产的因素等,粮食生产函数采用改进后的柯布—道格拉斯生产函数,如下:

$$\ln(q) = c + a_i \sum_{i=1} \ln(x_i) \tag{3.3}$$

其中,q 表示粮食产量,x_i 代表第 i 个影响因素;a_i 代表第 i 个影响因素即解释变量的弹性系数。

二 粮食主产区供给弹性估计与分析

利用相关时间序列资料,在对变量进行平稳性检验基础上,采用逐步回归方法,估计得出主产区粮食供给函数如下:

$$\ln(q) = 0.709 + 0.443\ln(area) + 0.420\ln(fer) + 0.280\ln(p^p)$$
$$(4.07^{***}) \quad\quad (18.468^{***}) \quad\quad (4.549^{***})$$

$$\bar{R}^2 = 0.933; \; F = 153.752 \tag{3.4}$$

说明:* significant at 10%,** significant at 5%,*** significant at 1%。

对主产区供给模型的变量进行协整检验。本书采用协整检验的方法对回归方程残差进行单位根检验确定因变量与自变量之间的协整关系,具体步骤为:首先,通过逐步回归法,估计主产区粮食供给方程;其次,对主产区回归方程的残差序列进行单位根检验。若残差序列不存在单位根,即残差序列为平稳序列,则所设定模型中自变量和因变量之间具有协整关系,二者之间存在长期均衡关系,即因变量能够被自变量的线性组合解释。对主产区供给方程残差序列单位根检验结果见表3-2。

表3-2 　　　　　　主产区供给方程残差序列单位根检验结果

假设	检验类型 (C, T/N, K)	ADF 统计量	临界值 (1%)	临界值 (5%)	临界值 (10%)	结论
供给方程残差序列存在单位根	(C, T, 0)	-4.3229***	-3.6463	-2.954	-2.6158	平稳

注:***代表1%的显著性水平,**代表5%的显著性水平,*代表10%的显著性水平。

对主产区粮食供给方程的残差序列检验结果表明，在 99% 的置信水平下，主产区供给方程的残差序列单位根（ADF）检验值显著小于临界值，也即主产区供给方程的残差序列不存在单位根，说明其为平稳序列。因此，主产区粮食供给方程的因变量和自变量之间存在协整关系，供给方程不是伪回归。

主产区粮食供给方程调整后的 R^2 是 0.933，F 值为 153.752，说明方程的拟合程度很好。主产区粮食产量增加的关键影响因素是主产区粮食播种面积，而化肥施用量的积极影响也非常显著，即主产区每增加 1 单位化肥施用量就会带来 0.420 单位粮食产量的增加。主产区粮食供给的价格弹性为 0.280，意味着上年粮食生产价格每上升 10%，粮食产量就相应增加 2.80%。

三　粮食产销平衡区供给弹性估计与分析

采用相同方法，可得出产销平衡区粮食供给函数如下：

$$\ln(q) = -4.144 + 1.062\ln(area) - 0.073\ln(f) + 0.320\ln tec + 0.230\ln(p^p)$$
$$(5.341^{***}) \qquad (-1.929^{*})(2.379^{**})(2.381^{**})$$
$$-0.160\ln(dis)$$
$$(-2.400^{**})$$

$$\overline{R}^2 = 0.931 \quad F = 75.79 \tag{3.5}$$

说明：* significant at 10%，** significant at 5%，*** significant at 1%。

对产销平衡区供给方程残差序列进行单位根检验，结果如表 3 − 3 所示。

表 3 − 3　　　　　　产销平衡区供给方程残差序列单位根检验结果

假设	检验类型 (C, T/N, K)	ADF 统计量	临界值 (1%)	临界值 (5%)	临界值 (10%)	结论
供给方程残差序列存在单位根	(C, T, 0)	− 4.7441***	− 3.6463	− 2.954	− 2.6158	平稳

由表 3 − 3 可知，产销平衡区的残差序列不存在单位根，即残差序列平稳。其方程的因变量和自变量之间存在协整关系，供给方程不是伪回归。

估计方程调整后的 R^2 是 0.931，F 值为 75.79，说明方程的拟合程度很好。粮食播种面积仍是增加产销平衡区粮食产量最为关键的影响因素，农业机械总动力对产销平衡区粮食产量的积极影响也非常显著，即产销平衡区每增加 1 单位农业机械总动力就会带来 0. 320 单位粮食产量的增加。而产销平衡区粮食产量与农业财政支出存在长期反向趋势，即农业财政支出每增加 1 单位，产销平衡区粮食产量相应减少 0. 073 单位，说明农业财政支出是效率低下，与预期相违背。这一研究结果与姜长云、张艳平 (2009) 研究结果相似，一方面，可能是由于农业财政支出按人头支出未真正用在农业生产上，导致地方财政负担过重，打击了产销平衡区农民种粮的积极性，挫伤了地方政府增加粮食产量的积极性；另一方面，也可能是农业财政支出与农业贷款之间存在较大相关性与替代性，导致农业财政支出的效率损失。产销平衡区粮食供给的价格弹性为 0. 230，即上年粮食生产价格每上升 10%，粮食产量就相应增加 2. 30%。

四　粮食主销区供给弹性估计与分析

同样估计得出主销区粮食供给函数如下：

$$\ln(q) = -3.656 + 1.04\ln(area) + 0.060\ln(p^p) + 0.232\ln(tec)$$
$$\qquad\quad (25.740^{***}) \quad (2.006^{*}) \quad (4.702^{***})$$

$$\bar{R}^2 = 0.970 \quad F = 322.391 \tag{3.6}$$

说明：* significant at 10% , ** significant at 5% , *** significant at 1%。

对主销区供给方程残差序列进行单位根检验见表 3 - 4。

表 3 - 4　　　　　　　主销区供给方程残差序列单位根检验结果

假设	检验类型 (C, T/N, K)	ADF 统计量	临界值 (1%)	临界值 (5%)	临界值 (10%)	结论
供给方程残差序列存在单位根	(C, T, 0)	-5. 812***	-3. 6463	-2. 954	-2. 6158	平稳

由表 3 - 4 可知，主销区粮食供给方程的因变量和自变量之间存在协整关系，供给方程不是伪回归。

估计方程调整后的 R² 是 0. 970，F 值为 322. 391，说明方程的拟合程度很好。主销区粮食产量最为关键的影响因素仍是粮食播种面积，而每增加 1 单位农业机械总动力就会带来 0. 232 单位粮食产量的增加。主销区粮食供给的价格弹性为 0. 060，也就是上年粮食生产价格每上升 10%，粮食产量就相应地增加 0. 60%。

综上所述，粮食生产价格每上升 10%，主产区粮食产量相应地增加

2. 80%，大于产销平衡区粮食产量相应的增加值 2. 30%，也大于主销区粮食产量相应的增加值 0. 60%，即主产区粮食供给价格弹性大于产销平衡区粮食价格供给弹性，也大于主销区粮食价格供给弹性。

第三节　三大区域粮食需求价格弹性和收入弹性分析

一　需求函数模型

本书对三大区域粮食价格需求弹性和收入弹性的估计采用对数线性需求函数模型。

对数线性需求函数模型是对线性需求函数的改进后。其符合相应的经济学解释，并具有明确经济意义的常用需求函数模型。该模型主要是对所选自变量进行拟合而得到的一种模型形式，具体公式如下：

$$\ln(d) = b_0 + b_1\ln(gni) + b_2\ln(p^c) + b_3\ln(p) \tag{3.7}$$

显然，b_1 为需求的收入弹性，b_2 为需求的自价格弹性。

其中，d 代表粮食消费量，gni 代表收入，p^c 代表消除通货膨胀后的粮食零售价格，p 代表当年粮食收购价格。

二　粮食主产区需求价格弹性和收入弹性分析

在对所选变量进行平稳性检验基础上，采用逐步回归法，主产区粮食需求函数的估计结果如下：

$$\ln(d) = 6.020 - 0.264\ln(gni) - 0.169\ln(p^c) + 0.370\ln(p)$$
$$(-13.189^{***})\quad(-2.693^{***})\quad(9.044^{***})$$

$$\overline{R}^2 = 0.943 \quad F = 172.851 \tag{3.8}$$

说明：* significant at 10%，** significant at 5%，*** significant at 1%。

表 3 - 5 为主产区需求方程残差序列单位根检验结果：

表 3 - 5　　　　　　主产区需求方程残差序列单位根检验结果

假设	检验类型 （C，T/N，K）	ADF 统计量	临界值 （1%）	临界值 （5%）	临界值 （10%）	结论
需求方程残差 序列存在单位根	（C，N，0）	-2. 3677**	-2. 6417	-1. 9521	-1. 6104	平稳

主产区需求方程的残差序列单位根检验结果表明，其残差序列平稳，主产区粮食需求方程的因变量和自变量之间存在协整关系，需求方程不是伪回归。

估计方程调整后的 R^2 为 0.910，F 值为 94.63，方程的拟合程度较好。主产区粮食的收入弹性系数为 -0.264，意味着人们的收入每增加 10%，对粮食需求下降 2.64%；主产区粮食需求价格弹性为 -0.169，一方面说明粮食需求缺乏弹性，另一方面说明粮食零售价格每上升 10%，粮食需求下降 1.69%。

三 粮食产销平衡区需求价格弹性和收入弹性分析

产销平衡区粮食需求函数估计结果如下：

$$\ln(d) = 5.391 - 0.077\ln(gni) - 0.157\ln(p^c) + 0.086\ln(p)$$
$$(-4.992^{***}) \quad (-2.764^{**}) \quad (1.814^*)$$

$$\overline{R}^2 = 0.910 \quad F = 94.63 \tag{3.9}$$

说明：* significant at 10%，** significant at 5%，*** significant at 1%。

对产销平衡区需求方程残差序列进行单位根检验，结果如表 3 - 6 所示。

表 3 -6　　　　产销平衡区需求方程残差序列单位根检验结果

假设	检验类型 (C, T/N, K)	ADF 统计量	临界值 (1%)	临界值 (5%)	临界值 (10%)	结论
需求方程残差序列存在单位根	(C, N, 0)	-2.3677 **	-2.6417	-1.9521	-1.6104	平稳

由表 3 -6 可知，产销平衡区需求方程残差序列不存在单位根，其需求方程不是伪回归。

估计方程调整后的 R^2 为 0.943，F 值为 172.851，方程的拟合程度较好。产销平衡区粮食收入弹性系数为 -0.077，即收入每增加 10%，对粮食的需求下降 0.77%；产销平衡区粮食的需求价格弹性为 -0.157，即粮食零售价格每上升 10%，粮食需求下降 1.57%。

四 粮食主销区需求价格弹性和收入弹性分析

主销区粮食需求函数估计结果如下：

$$\ln(d) = 6.596 - 0.283\ln(gni) - 0.104\ln(p^c) + 0.238\ln(p^p)$$
$$(-10.721^{***})\quad(3.130^{***})\quad(-3.479^{***})$$

$$\overline{R}^2 = 0.929 \quad F = 121.858 \tag{3.10}$$

说明：* significant at 10%，** significant at 5%，*** significant at 1%。

对主销区需求方程残差序列进行单位根检验见表 3 - 7。

表 3 - 7　　　　　　主销区需求方程残差序列单位根检验结果

假设	检验类型 (C，T/N，K)	ADF 统计量	临界值 (1%)	临界值 (5%)	临界值 (10%)	结论
需求方程残差序列存在单位根	(C，N，0)	-6.0253**	-3.6463	-2.9540	-2.6158	平稳

主销区需求方程的残差序列单位根检验结果表明，其需求方程不是伪回归。

估计方程调整后的 R^2 为 0.929，F 值为 121.858，方程的拟合程度较好。主销区粮食收入弹性系数为 -0.283，粮食需求随着收入的增加而逐渐减少，即收入每增加 10%，粮食需求下降 2.83%；主销区粮食需求价格弹性为 -0.104，说明粮食需求随着粮食零售价格的上升而逐渐下降，即粮食零售价格每上升 10%，粮食需求下降 1.04%。

通过分析三大区域粮食需求弹性发现，三大区域粮食需求量与收入呈负相关，也即随着收入的增加，粮食需求量下降，这是因为随着经济的不断发展，物质的极大丰富和人民生活水平的提高，生活不再单调和匮乏，人们更注重营养的均衡，消费变得更加多元化，所以，粮食的消费量被其他的多样化消费品所代替，收入每上升 10%，主销区粮食需求下降 2.83%，大于主产区粮食的需求下降 2.64% 大于产销平衡区的粮食需求下降（0.77%）；而对三大区域粮食需求自价格弹性系数对比分析发现：三大区域粮食零售价格每上升 10%，主产区粮食需求下降（1.69%）大于产销平衡区粮食需求下降（1.57%），大于主销区粮食需求下降（1.04%）。

第四节 三大区域粮食希克斯需求弹性估计 与变动趋势

希克斯需求弹性（ξ^H）反映的是在给定的价格与效用水平下，能使消费者实现支出最小化的各种商品的需求量。希克斯需求弹性重新解释了消费者剩余并补充了福利经济学的补偿原则，推动了福利经济学的发展，所以对福利的度量使用希克斯需求优于非马歇尔需求。

希克斯需求弹性的计算公式是在对消费者剩余精确度量基础上，根据补偿变量 CV 为理论基础推导出来的，经过泰勒级数展开及 Shephard 引理的应用，可得出其计算公式如下：

$$\varepsilon^H = E + CR \cdot \eta \tag{3.11}$$

其中，E 代表粮食的需求价格弹性，η 代表粮食的需求收入弹性，CR 代表粮食的消费支出与收入之间的比值。

将上文计算得出的三大区域粮食需求价格弹性（E），粮食需求收入弹性（η），CR 值代入公式（3.11），得出三大区域希克斯需求弹性如表 3－8 所示。

表 3－8　　　　　　　三大区域希克斯需求弹性变化情况

年份	主产区	产销平衡区	主销区	年份	主产区	产销平衡区	主销区
1978	－ 0.193	－ 0.167	－ 0.114	1995	－ 0.181	－ 0.163	－ 0.111
1979	－ 0.191	－ 0.166	－ 0.113	1996	－ 0.180	－ 0.162	－ 0.111
1980	－ 0.190	－ 0.166	－ 0.112	1997	－ 0.178	－ 0.162	－ 0.109
1981	－ 0.189	－ 0.166	－ 0.112	1998	－ 0.177	－ 0.161	－ 0.109
1982	－ 0.187	－ 0.165	－ 0.111	1999	－ 0.177	－ 0.161	－ 0.108
1983	－ 0.186	－ 0.164	－ 0.113	2000	－ 0.175	－ 0.160	－ 0.107
1984	－ 0.184	－ 0.163	－ 0.114	2001	－ 0.175	－ 0.160	－ 0.107
1985	－ 0.182	－ 0.163	－ 0.113	2002	－ 0.174	－ 0.160	－ 0.107
1986	－ 0.182	－ 0.163	－ 0.112	2003	－ 0.174	－ 0.159	－ 0.106
1987	－ 0.180	－ 0.163	－ 0.111	2004	－ 0.174	－ 0.159	－ 0.106
1988	－ 0.179	－ 0.162	－ 0.111	2005	－ 0.173	－ 0.159	－ 0.106

年份	主产区	产销平衡区	主销区	年份	主产区	产销平衡区	主销区
1989	-0.179	-0.162	-0.111	2006	-0.173	-0.159	-0.106
1990	-0.179	-0.161	-0.110	2007	-0.172	-0.159	-0.106
1991	-0.178	-0.161	-0.110	2008	-0.172	-0.158	-0.105
1992	-0.179	-0.161	-0.111	2009	-0.172	-0.158	-0.105
1993	-0.179	-0.162	-0.110	2010	-0.172	-0.159	-0.106
1994	-0.181	-0.162	-0.111	2011	-0.172	-0.158	-0.106

由表3-8可知，主产区希克斯需求弹性为负，其绝对值呈逐渐递减趋势，从1978年的0.193下降到2011年的0.172，说明随着价格的上升，为保持相同的效用水平，能使消费者实现支出最小化的粮食需求量逐渐下降。而且，其希克斯需求弹性系数的绝对值大于需求自价格弹性系数的绝对值0.169，这符合经济学原理——希克斯需求曲线的导数大于马歇尔需求曲线的导数，即希克斯需求弹性系数的绝对值大于马歇尔需求弹性系数的绝对值。

产销平衡区、主销区的希克斯需求弹性也为负，其绝对值变化趋势同主产区希克斯需求弹性的变化趋势一致，其希克斯需求弹性系数的绝对值也大于马歇尔需求弹性系数的绝对值。但是，由于整体上主产区的希克斯需求弹性系数的绝对值大于产销平衡希克斯需求弹性系数的绝对值，大于主销区的希克斯需求弹性系数的绝对值。所以，随着价格的上升，为保持相同的效用水平，主产区能使消费者实现支出最小化下降的粮食需求量大于产销平衡区下降的粮食需求量，大于主销区下降的粮食需求量。

第四章　三大区域粮食价格波动中福利变化测度及比较

本章在介绍 Minot 和 Goletti（2000）提出的农作物价格变动的福利效应模型基础上，对我国粮食价格波动中三大区域短期福利效应进行测算和分解，并对三大区域的短期福利效应进行比较分析。

第一节　粮食价格波动的短期福利测算模型说明

本书借鉴 Minot 和 Goletti（2000）提出的农作物价格变动福利效应模型，对我国粮食价格波动中三大区域福利效应进行测算和分解。

一　价格变化的短期消费福利效应

消费者剩余（Consumer surplus）通常可以解释为由于价格变化导致的消费者福利变化。但是，对消费者剩余的计算一直都存在一定的难度，所以可以通过使用补偿变量（Compensating variation）即居民户在价格发生变化后为了维持基期效用水平所需支付的资金额的计算方法来衡量因价格变化引起的消费者福利变化（Minot and Goletti，2000）。在经济学中，一般可通过价格变动前后支出方程值的差来表示补偿变量的变动。

$$CV = e(p_1, u_0) - e(p_0, u_0) \tag{4.1}$$

其中，CV 指补偿变量，$e(.)$ 表示在一定价格和效用水平下的支出方程；u 表示效用，p 表示价格向量，下标 0 表示变化前的价格，下标 1 表示价格变化后的价格。用二级泰勒级数展开公式（4.1），其近似表达式为：

$$CV \cong \sum \frac{\partial e(p_0^c, u_0)}{\partial p_i^c}(p_{1i}^c - p_{0i}^c) + \frac{1}{2}\sum_{i=1}^{n}\sum_{j=1}^{n}\frac{\partial^2 e(p_0^c, u_0)}{\partial p_i^c \partial p_j^c}(p_{1i}^c - p_{0i}^c)(p_{1j}^c - p_{0j}^c) \tag{4.2}$$

应用 Shephard 引理，

$$\frac{\partial e(p_0^c, u_0)}{\partial p_i^c} = h_i(p_0^c, u_0) \tag{4.3}$$

并用 Δp_i 和 Δp_j 来代替 $(p_{1i} - p_{0i})$ 和 $(p_{1j} - p_{0j})$，整理得：

$$CV \cong \sum_{i=1}^n h_i(p_0^c, u_0)\Delta p_i^c + \frac{1}{2}\sum_{i=1}^n \sum_{j=1}^n \frac{\partial h_i(p_0^c, u_0)}{\partial p_j^c}\Delta p_i^c \Delta p_j^c \tag{4.4}$$

在公式（4.4）中，$h_i(p_0^c, u_0)$ 表示在初始价格为 p_0^c，效用水平为 u_0 条件下的希克斯需求（即能使消费者实现支出最小化的各种商品的数量）。为了简化公式，我们用马歇尔需求 $q_i(p_0^c, x_0)$（表示在价格为 p_0^c，收入水平为 x_0 的条件下，能使消费者实现效用最大化的各种商品的数量）。同时，使用希克斯自价格弹性 ε^H 和马歇尔需求来代替希克斯需求。

整理得：

$$CV \cong q(p_0^c, x_0)\Delta p^c + \frac{1}{2}\varepsilon^H \frac{q(p_0^c, x_0)}{p_0^c}\Delta p^c \Delta p^c \tag{4.5}$$

在公式（4.5）中，$q(.)$ 表示粮食需求量，P^c 表示粮食零售价格，ε^H 表示粮食的希克斯自价格弹性，Δp^c 表示粮食价格变化量。对公式（4.5）的等式两边分别除以基期收入 x_0，同时对等式右边的分子分母同乘粮食的基期价格 p_0^c，公式（4.5）整理得：

$$\frac{CV}{x_0} \cong \frac{p_0^c q(p_0^c, x_0)}{x_0}\frac{\Delta p^c}{p_0^c} + \frac{1}{2}\varepsilon^H \frac{p_0^c q(p_0^c, x_0)}{x_0}\left(\frac{\Delta p^c}{p_0^c}\right)^2 \tag{4.6}$$

定义 CR：粮食的消费支出与收入之间的比值，公式表达为

$$CV = \frac{p^c \cdot q(p^c, x)}{x} \tag{4.7}$$

因此，公式最后整理得：

$$\frac{CV}{x_0} = CR \cdot \frac{\Delta p^2}{p_0^c} + \frac{1}{2}\varepsilon^H CR \cdot \left(\frac{\Delta p^c}{p_0^c}\right)^2 \tag{4.8}$$

当 ε^H 为 0 时，意味着粮食的需求价格弹性和需求收入弹性也为 0，即可认为短期粮食的价格和主产区的收入没有发生变化，因此对粮食需求没有变化。公式（4.8）可为：

$$\frac{CV}{x_0} = -CR \cdot \frac{\Delta p^c}{p_0^c} \tag{4.9}$$

因此短期消费福利效应模型表达式为：

$$\frac{\Delta x}{x_0} = -CR \cdot \frac{\Delta p^c}{p_0^c}\tag{4.10}$$

二　价格变化的短期生产福利效应

粮食价格变化引致生产福利变化与上部分分析过程基本相似，但存在一定的差异，主要表现为：收入变化是通过价格变化前和变化后利润方程值的差来表示，即：

$$\Delta x = \pi(p_1^p,\ w_0,\ z_0) - \pi(p_0^p,\ w_0,\ z_0)\tag{4.11}$$

其中，收入变化用 Δx 表示，利润方程用 $\pi(\cdot)$ 表示，产出价格向量用 p 表示，投入价格向量用 w 表示，固定因子数量用 z 表示，下标 0 表示价格变化之前，下标 1 表示价格变化之后。用二阶泰勒级数将式（4.7）展开，其近似表达如下：

$$\Delta x = \frac{1}{1!}\sum_{i=1}^{n}\frac{\partial\pi(p_0^p,w_0,z_0)}{\partial p_i^p}(p_{1i}^p - p_{0i}^p) + \frac{1}{2!}\sum_{i=1}^{n}\sum_{j=1}^{n}\frac{\partial\pi^2(p_0^p,w_0,z_0)}{\partial p_i^p\partial p_j^p}(p_{1i}^p -$$

$$p_{0i}^p)(p_{1j}^p - p_{0j}^p)\tag{4.12}$$

应用 Shephard 引理，并用 Δp_i 和 Δp_j 替代 $(p_{1i} - p_{0i})$ 和，可得：

$$\Delta x \cong \sum_{i=1}^{n}s_i(p_0^p,w_0,z_0)\Delta p_i^p + \frac{1}{2}\sum_{i=1}^{n}\sum_{j=1}^{n}\frac{\partial s_i(p_0^p,w_0,z_0)}{\partial p_i^p}\Delta_i^p\Delta p_j^p\tag{4.13}$$

其中，在 p_0 基期价格向量给定的前提下，$s_i(p_0,\ w_0,\ z_0)$ 表示粮食的供给量。因此上式可简化为（4.14）：

$$\Delta x \cong s_c(p_0,\ w_0,\ z_0)\Delta p_c^p + \frac{1}{2}\varepsilon^s\frac{s_c(p_0,\ w_0,\ z_0)}{p_{0c}^p}\Delta p_c^p\Delta p_c^p\tag{4.14}$$

其中，粮食供给量为 s_c，粮食生产价格为 p_c^p，粮食供给的自价格弹性为 ε_c^s。对（4.14）等式右半部分分子分母同时乘以基期价格 p_{0c}^p 同时对等式两端除以基期收入 x_0 的结果为（4.15）所示：

$$\frac{\Delta x}{x_0} \cong \frac{p_0^p s_c(p_0^p,\ w_0,\ z_0)}{x_0}\frac{\Delta p^p}{p_0^p} + \frac{1}{2}\varepsilon_c^s\frac{p_0^p s_c(p_0^p,\ w_0,\ z_0)}{x_0}\left(\frac{\Delta p^p}{p_0^p}\right)^2\tag{4.15}$$

最后，可用 PR 表示粮食的生产价值与收入（总支出）之间的比值，因此公式（4.15）又等价于：

$$\frac{\Delta x}{x_0} \cong PR\frac{\Delta p^p}{p_0^p} + \frac{1}{2}\varepsilon_c^s PR\left(\frac{\Delta p^p}{p_0^p}\right)^2\tag{4.16}$$

当 ε^s 为 0 时，意味着粮食的供给价格弹性为 0，即可认为短期粮食价格，因此对粮食供给没有变化。

因此短期生产福利效应模型表达式为：

$$\frac{\Delta x}{x_0} \cong PR \frac{\Delta p^p}{p_0^p} \tag{4.17}$$

三　价格变化的短期总福利效应

从上述内容可知，式（4.10）表示因价格变化引起消费福利变化的公式，而式（4.17）表示价格变化引致生产福利变化的公式，而总福利是由生产福利和消费福利组成的，因此可得出短期福利效应模型为以下公式：

$$\frac{\Delta w^1}{x_0} \cong PR \frac{\Delta p^p}{p_0^p} - CR \frac{\Delta p^c}{p_0^c} \tag{4.18}$$

其中，Δw^1 表示价格变化引起的净福利效应的一阶近似值，即短期效应。x_0 为基期收入，Δp^p 为粮食生产价格的变化值，p_0^p 为基期粮食生产价格，Δp^c 为粮食零售价格的变化值，p_0^c 为基期粮食零售价格。PR 为生产粮食价值与收入（总支出）之间的比值，CR 为粮食消费支出与收入（总支出）之间的比值。根据 PR、CR 值可以得出净收益率（NBR）是指粮食出售价值与收入之比，也是粮食生产价值与收入比值与粮食消费价值与收入比值的差额，即 NBR = PR - CR；当 NBR > 0 时，在粮食生产和消费过程中处于净出售者的地位；当 NBR < 0 时，在粮食生产和消费过程中处于净购买者的地位。

第二节　主要参数估计

将主产区、产销平衡区和主销区粮食生产价格（元/公斤）、粮食零售价格（元/公斤）、粮食产量（万公斤）、粮食消费量（万公斤）、地区 GDP（万/元）等数据进行整理后利用 Excel 计算得出各区域的 PR 值和 CR 值，进而得到各区域粮食净收益值 NBR。主产区、产销平衡区和主销区粮食收益率变化情况如表 4-1 所示。

表 4 - 1　　　　　　　　　　三大区域粮食收益率变化情况

年份	主产区			产销平衡区			主销区		
	PR%	CR%	NBR%	PR%	CR%	NBR%	PR%	CR%	NBR%
1978	10.360	9.164	1.196	14.005	13.503	0.502	3.165	3.469	-0.303
1979	10.211	8.201	2.010	12.763	12.174	0.589	3.776	3.179	0.597
1980	9.580	7.989	1.591	12.337	12.085	0.253	3.495	2.992	0.503
1981	9.768	7.542	2.227	11.969	11.058	0.910	3.431	2.773	0.658
1982	9.355	6.994	2.361	12.236	10.213	2.023	3.499	2.572	0.927
1983	8.857	6.334	2.523	11.884	9.432	2.453	3.804	3.207	0.597
1984	8.388	5.525	2.864	11.003	8.218	2.785	4.189	3.598	0.592
1985	7.143	5.030	2.113	9.249	7.765	1.484	3.637	3.100	0.537
1986	6.935	4.784	2.152	8.981	7.464	1.518	3.557	2.904	0.653
1987	6.398	4.232	2.166	8.765	7.180	1.585	3.332	2.561	0.771
1988	5.902	3.729	2.173	7.512	6.176	1.336	2.921	2.350	0.570
1989	6.899	3.884	3.015	7.959	6.113	1.846	3.416	2.391	1.025
1990	6.311	3.696	2.615	6.995	5.206	1.789	3.039	2.096	0.942
1991	5.106	3.485	1.621	7.091	5.182	1.908	2.380	2.274	0.106
1992	5.525	3.859	1.666	8.166	5.786	2.380	1.944	2.359	-0.415
1993	5.793	3.902	1.891	8.496	6.117	2.380	1.606	2.278	-0.672
1994	6.500	4.452	2.047	9.461	6.950	2.512	1.755	2.477	-0.722
1995	7.050	4.726	2.324	10.214	7.506	2.709	1.846	2.514	-0.668
1996	7.475	4.299	3.176	10.363	7.075	3.288	1.631	2.344	-0.713
1997	6.552	3.481	3.071	9.058	6.154	2.904	1.335	1.856	-0.521
1998	6.073	3.146	2.927	8.145	5.398	2.748	1.145	1.619	-0.474
1999	5.466	2.855	2.610	6.691	4.950	1.741	0.907	1.427	-0.520
2000	4.852	2.298	2.554	5.686	4.177	1.510	0.749	1.165	-0.417
2001	4.890	2.153	2.737	5.457	3.757	1.700	0.706	1.045	-0.339
2002	4.374	1.922	2.452	4.908	3.341	1.567	0.629	0.915	-0.286
2003	4.084	1.751	2.334	4.342	2.954	1.388	0.546	0.800	-0.254
2004	4.601	1.873	2.728	4.419	2.944	1.474	0.628	0.825	-0.196
2005	3.768	1.581	2.187	3.873	2.595	1.278	0.544	0.723	-0.179
2006	3.298	1.374	1.924	3.385	2.278	1.107	0.476	0.643	-0.166
2007	3.031	1.232	1.799	3.074	2.024	1.050	0.438	0.566	-0.128

续表

年份	主产区			产销平衡区			主销区		
	PR%	CR%	NBR%	PR%	CR%	NBR%	PR%	CR%	NBR%
2008	2.732	1.092	1.639	2.689	1.808	0.880	0.410	0.527	-0.117
2009	2.423	1.044	1.379	2.291	1.693	0.598	0.369	0.497	-0.129
2010	3.790	1.133	2.657	3.691	2.005	1.686	0.551	0.006	0.545
2011	3.430	0.996	2.434	3.250	1.827	1.422	0.507	0.006	0.501

（1）粮食生产净收益率 NBR 取决于 PR 值和 CR 值，由表 4－1 可知，1978—2011 年主产区和产销平衡区粮食生产净收益率一直为正数，即 NBR > 0，说明主产区和产销平衡区一直作为净出售者参与粮食生产消费活动。

主销区粮食生产净收益率 1978—1991 年间为正数，即 NBR > 0，说明主销区在这一期间作为净出售者参与到粮食生产消费活动中，而在 1992—2011 年间粮食生产净收益率一直为负数，即 NBR < 0，说明主销区在这一期间作为净购买者参与到粮食生产消费活动中。

虽然主产区和产销平衡区一直作为净出售者参与到粮食生产消费活动中，但主产区的粮食生产净收益率一直大于产销平衡区的粮食生产净收益率。

（2）主产区、产销平衡区和主销区的 PR 值除个别年份有微幅增长外，总体表现为一个曲折递减的过程，说明各区域粮食生产所得的收入在其总收入中占有的比重在逐渐降低，粮食生产收入不再是各区域收入的最重要来源。其原因是在近几年的农村劳动力转移过程中，粮食的生产交给了留守在农村的非青壮年劳动力，势必影响到种植收入，与此同时，外出务工使得非种植收入的比例越来越大，因此，PR 值表现为逐年递减的变化过程。

对比分析三大区域的 PR 值，发现产销平衡区的 PR 值大于主产区的 PR 值大于主销区的 PR 值，说明产销平衡区粮食生产所得的收入在其总收入中占有的比重大于主产区粮食生产所得的收入在其总收入中占有的比重大于主销区粮食生产所得的收入在其总收入中占有的比重。

（3）主产区、产销平衡区和主销区 CR 值除在个别年份有微幅增长外，总体变化趋势也是一个曲折递减的过程，也就是说，粮食消费在消费总额中所占比重越来越小。这主要有两个原因：一方面，是收入增加了，使得其用于粮食方面的消费比重随着收入基数的逐渐增大而减少。另一方面，由于经济快速发展，物质生活水平不断提高，消费变得更加多元化，粮食消费量被其他的多样化消费品所代替，使其占总消费的比重逐年递减。

比较三个区域的 CR 值可知，产销平衡区的 CR 值大于主产区的 CR 值大于主销区的 CR 值，说明产销平衡区粮食消费在消费总额中占有的比重大于主产区粮食消费在消费总额中的比重，大于主销区粮食消费在消费总额中的比重。

第三节 三大区域粮食价格波动中短期福利测算

一 主产区粮食价格波动中短期福利测算

在对主产区粮食净收益率分析基础上，将 PR 值和 CR 值代入短期福利模型（4.18），以 1978 年为基准年，测算 1979—2011 年主产区粮食价格变化带来的短期福利效应变化，结果见表 4-2。

表 4-2　　　　　　　　主产区粮食价格变动的短期福利效应

年份	粮食生产价格（元/公斤）	短期生产福利效应（%）	粮食零售价格（元/公斤）	短期消费福利效应（%）	短期福利（%）
1979	0.100	0.258	0.142	1.265	1.524
1980	0.103	0.861	0.131	-0.095	0.766
1981	0.112	0.742	0.136	-0.064	0.678
1982	0.121	-0.075	0.140	-0.018	-0.093
1983	0.120	-0.372	0.142	0.004	-0.368
1984	0.115	0.525	0.145	0.067	0.592
1985	0.122	0.671	0.145	-0.527	0.143
1986	0.133	0.288	0.165	-0.087	0.201
1987	0.139	0.446	0.173	-0.059	0.388
1988	0.149	1.113	0.181	-0.168	0.944
1989	0.177	2.055	0.196	-0.447	1.608

续表

年份	粮食生产价格（元/公斤）	短期生产福利效应（%）	粮食零售价格（元/公斤）	短期消费福利效应（%）	短期福利（%）
1990	0.229	−1.001	0.228	0.358	−0.643
1991	0.193	0.125	0.214	−0.469	−0.344
1992	0.198	1.551	0.251	−1.281	0.270
1993	0.253	1.784	0.348	−0.723	1.061
1994	0.331	3.261	0.432	−1.937	1.324
1995	0.497	2.215	0.657	−1.382	0.833
1996	0.653	1.245	0.902	−0.148	1.097
1997	0.762	0.271	0.994	0.366	0.637
1998	0.794	−0.198	0.936	0.169	−0.028
1999	0.768	−0.267	0.926	0.192	−0.074
2000	0.730	0.480	0.905	0.326	0.806
2001	0.803	0.539	0.813	−0.123	0.416
2002	0.891	−0.139	0.890	0.066	−0.073
2003	0.863	0.611	0.884	−0.112	0.500
2004	0.992	0.994	0.966	−0.664	0.330
2005	1.207	−0.203	1.346	−0.096	−0.299
2006	1.142	−0.018	1.407	−0.074	−0.092
2007	1.135	0.231	1.505	−0.107	0.124
2008	1.222	0.058	1.617	−0.071	−0.013
2009	1.247	−0.017	1.729	−0.143	−0.160
2010	1.239	3.086	1.966	−0.552	2.533
2011	2.247	2.909	2.729	−0.572	2.337

由表4-2可知：

（1）粮食生产价格变动与主产区短期生产福利变动具有正向作用关系。粮食生产价格上涨时，主产区短期生产福利变化值为正，意味着粮食生产价格上涨，短期生产福利得到改善；当粮食生产价格下跌，主产区短期生产福利变化值为负，意味粮食生产价格下跌时生产福利恶化。1979—2011年，主产区粮食生产价格年均上涨8.02%，主产区短期生产福利年均上涨0.728%，说明生产价格每增加10%，主产区的短期生产福利提高 0.908%。

（2）粮食零售价格变动与主产区短期消费福利变动具有负向作用关系。粮食零售价格上涨时，主产区短期消费福利变化值为负，意味着粮食零售价格上涨带来福利状态的恶化；当粮食零售价格下跌时短期消费福利变化值为正，意味着粮食零售价格下跌带来福利状态的改善。1979—2011年期间，零售价格年均上涨 8.49%，主产区的短期消费福利年均减少0.215%，也就是说零售价格每增加 10%，主产区的短期消费福利将减少 0.253%。

（3）主产区短期总福利变化为其短期生产福利效应与短期消费福利效应总和。且短期总福利效应与短期生产福利效应的符号在大多数年份保持一致，这与粮食生产价格变动导致的短期福利增加大于粮食零售价格变动导致短期消费福利减少一致，说明主产区短期生产福利变化在短期总福利变化中处于主导地位。而只有在个别年份，粮食价格波动的短期福利效应和短期消费福利变化一致，如 1991 年和 2008 年，粮食价格上涨，短期总福利变化为负值，和其短期生产福利效应的符号恰好相反，主要原因是这两年粮食生产价格和零售价格同步上涨，但粮食零售价格上涨的幅度远大于生产价格上涨的幅度，导致消费福利损失大于粮食生产价格上涨带来的生产福利的增加，最终主产区的短期总福利效应为负值。如 1991 年粮食生产价格上涨了 2.5%，而粮食零售价格上涨了 18.04%。

二　产销平衡区粮食价格波动中短期福利测算

将相关数据代入价格变动的短期福利效应公式（4.18）即可得到产销平衡区粮食价格变动的短期福利效应，如表 4-3 所示。

表 4-3　　　　　　　产销平衡区粮食价格变动短期福利效应

年份	粮食生产价格（元/公斤）	短期生产福利效应（%）	粮食零售价格（元/公斤）	短期消费福利效应（%）	短期福利（%）
1979	0.153	-0.420	0.177	0.712	0.291
1980	0.163	0.856	0.183	-0.407	0.449
1981	0.177	0.988	0.177	0.359	1.348
1982	0.180	0.271	0.199	-1.270	-0.999
1983	0.188	0.463	0.204	-0.260	0.203

续表

年份	粮食生产价格（元/公斤）	短期生产福利效应（%）	粮食零售价格（元/公斤）	短期消费福利效应（%）	短期福利（%）
1984	0.204	0.955	0.210	−0.257	0.698
1985	0.216	0.532	0.217	−0.225	0.307
1986	0.234	0.780	0.234	−0.614	0.166
1987	0.257	0.853	0.258	−0.720	0.133
1988	0.280	0.671	0.281	−0.560	0.111
1989	0.314	0.973	0.318	−0.798	0.175
1990	0.300	−0.310	0.301	0.276	−0.034
1991	0.354	1.259	0.355	−0.931	0.328
1992	0.477	2.841	0.478	−1.993	0.849
1993	0.581	1.865	0.616	−1.773	0.092
1994	0.897	5.132	0.900	−3.205	1.927
1995	1.167	3.080	1.219	−2.657	0.423
1996	1.235	0.603	1.357	−0.800	−0.197
1997	1.090	−1.063	1.360	−0.016	−1.079
1998	0.979	−0.827	1.270	0.360	−0.466
1999	0.892	−0.596	1.243	0.102	−0.494
2000	0.838	−0.344	1.068	0.589	0.245
2001	0.915	0.499	1.076	−0.029	0.469
2002	0.886	−0.154	1.093	−0.052	−0.206
2003	0.901	0.075	1.129	−0.098	−0.022
2004	1.072	0.835	1.375	−0.640	0.195
2005	1.075	0.012	1.430	−0.104	−0.092
2006	1.108	0.103	1.484	−0.088	0.016
2007	1.218	0.307	1.625	−0.191	0.116
2008	1.247	0.064	1.738	−0.126	−0.062
2009	1.154	−0.171	1.849	−0.109	−0.280
2010	2.247	3.495	2.738	−0.963	2.532
2011	2.403	0.225	3.171	−0.289	−0.064

由表 4 - 3 可知：

（1）产销平衡区粮食生产价格变动与短期生产福利变动具有正向作用关系，粮食零售价格变动与短期消费福利变动具有负向作用关系，这与主产区粮食生产价格与短期生产福利、粮食零售价格与短期消费福利作用关系结论一致。1979—2011 年，产销平衡区粮食的生产价格年均上涨 7.22%，产销平衡区的短期生产福利年均增加 0.723%，说明生产价格每增加 10%，产销平衡区的短期生产福利增加 1.001%。1979—2011 年，产销平衡区粮食零售价格年均上涨 8.17%，产销平衡区的短期消费福利年均下降 0.508%，说明零售价格每增加 10%，产销平衡区的短期消费福利减少 0.623%。

（2）产销平衡区短期总福利变化与短期生产福利效应的符号在大多数年份保持一致，说明产销平衡区短期生产福利变化在短期总福利变化中处于主导地位。而在 1979 年、1982 年、1996 年、2000 年、2003 年、2005 年、2008 年、2011 年等多个年份由于粮食零售价格变动的幅度远大于粮食生产价格变动幅度，所以短期总福利符号与短期消费福利符号一致而与短期生产福利符号相反。

三　主销区粮食价格波动中短期福利测算

将相关数据代入价格变动的短期福利效应公式（4.18）即可得到主销区粮食价格变动的短期福利效应，如表 4 - 4 所示。

表 4 - 4　　　　　　　　主销区粮食价格变动的短期福利效应

年份	粮食生产价格（元/公斤）	短期生产福利效应（%）	粮食零售价格（元/公斤）	短期消费福利效应（%）	短期福利（%）
1979	0.077	0.872	0.092	0.204	1.077
1980	0.084	0.288	0.094	- 0.068	0.220
1981	0.094	0.428	0.094	- 0.022	0.405
1982	0.092	- 0.064	0.099	- 0.126	- 0.190
1983	0.112	0.791	0.135	- 1.164	- 0.373
1984	0.138	1.008	0.182	- 1.257	- 0.249
1985	0.165	0.711	0.208	- 0.435	0.276
1986	0.183	0.378	0.217	- 0.126	0.252
1987	0.197	0.252	0.220	- 0.038	0.214

续表

年份	粮食生产价格（元/公斤）	短期生产福利效应（%）	粮食零售价格（元/公斤）	短期消费福利效应（%）	短期福利（%）
1988	0.226	0.437	0.250	−0.323	0.114
1989	0.285	0.889	0.289	−0.364	0.525
1990	0.272	−0.138	0.277	0.082	−0.056
1991	0.249	−0.206	0.362	−0.695	−0.901
1992	0.266	0.139	0.488	−0.821	−0.682
1993	0.326	0.359	0.652	−0.764	−0.405
1994	0.485	0.857	0.945	−1.114	−0.257
1995	0.628	0.542	1.199	−0.677	−0.135
1996	0.623	−0.013	1.376	−0.345	−0.358
1997	0.574	−0.105	1.252	0.167	0.061
1998	0.543	−0.060	1.220	0.042	−0.019
1999	0.479	−0.107	1.194	0.030	−0.077
2000	0.516	0.057	1.062	0.129	0.186
2001	0.595	0.109	1.065	−0.003	0.105
2002	0.656	0.064	1.025	0.034	0.098
2003	0.728	0.060	1.260	−0.183	−0.123
2004	0.990	0.226	1.625	−0.238	−0.012
2005	1.004	0.008	1.754	−0.057	−0.050
2006	0.988	−0.008	1.807	−0.019	−0.027
2007	1.196	0.092	1.882	−0.024	0.068
2008	1.264	0.024	2.028	−0.041	−0.017
2009	1.219	−0.013	2.065	−0.009	−0.023
2010	2.130	0.412	3.028	−0.307	0.106
2011	2.264	0.032	3.252	−0.047	−0.016

（1）主销区粮食生产价格变动与短期生产福利变动、粮食零售价格变动与短期消费福利变动的关系同主产区和产销平衡区粮食生产价格变动与短期生产福利变动、粮食零售价格变动与短期消费福利变动作用关系的结论一致。1979—2011 年，主销区粮食的生产价格年均上涨 10.62%，主

销区的短期生产福利年均上涨上升 0.252%，说明粮食生产价格每上涨 10%，短期生产福利增加 0.237%；1979—2011 年，主销区粮食的零售价格年均上涨 11.07%，主销区的短期消费福利年均下降 0.260%，说明零售价格每增加 10%，主销区的短期消费福利减少 0.235%。

（2）根据短期总福利效应模型，主销区短期总福利变化仍为其短期生产福利效应与短期消费福利效应总和，从表 4-4 中的计算结果可知短期总福利效应与短期生产福利效应的在多数年份符号保持一致，仍然说明主销区短期生产福利变化在短期总福利变化中处于主导地位。而在 1983 年、1984 年、1995 年、2003 年、2004 年、2005 年、2008 年、2009 年等多个年份由于粮食零售价格变动的幅度远大于粮食生产价格变动的幅度，所以粮食价格波动的短期福利效应和短期消费福利变化一致。

通过对主产区、产销平衡区和主销区短期福利的测算和分析发现：

（1）主产区、产销平衡区和主销区粮食生产价格变动与短期生产福利变动具有正向作用关系，粮食零售价格变动与短期消费福利变动具有负向作用关系。三大区域短期总福利变化为其短期生产福利效应与短期消费福利效应的总和，且短期总福利效应与短期生产福利效应符号在大多数年份保持一致，说明三大区域短期生产福利变化在短期总福利变化中处于主导地位。

（2）主销区粮食的生产价格年均上涨 10.62%，大于主产区粮食的生产价格年均上涨 8.02%，也大于产销平衡区粮食的生产价格年均上涨 7.22%；主产区的短期生产福利增加 0.728%，大于产销平衡区的短期生产福利年均增加 0.723%，也大于主销区短期生产福利增加 0.252%。而当粮食生产价格每上升 10%，主产区的短期生产福利增加 0.908%，产销平衡区的短期生产福利增加 1.001%，主销区短期生产福利增加 0.237%。这说明短期生产福利的变化不仅仅单纯由价格决定，还受粮食产量和收入的影响（即 PR 值）。

（3）主销区粮食的零售价格年均上涨 11.07%，大于主产区粮食零售价格年均上涨 8.49%，也大于产销平衡区粮食的零售价格年均上涨 8.17%；而产销平衡区的短期消费福利减少 0.508%，大于主销区的短期消费福利年均下降 0.260%，也大于主产区的短期消费福利年均减少 0.215%。而粮食零售价格每增加 10%，主产区的短期消费福利将减少 0.253%。产销平衡区的短期消费福利减少 0.623%，主销区的短期消费福利减少 0.235%。这说明短期消费福利的变化除了受粮食零售价格的影响外，还受粮食消费量和收入的影响（即 CR 值）。

（4）随着粮食生产价格和粮食零售价格变化，主产区短期总福利的变化（0.513%）大于产销平衡区短期总福利的变化（0.214%）大于主销区短期总福利的变化（-0.008%）。

第四节 三大区域粮食价格波动中长期福利测算

一 长期福利测算模型

（一）价格变化的长期消费福利效应

长期消费福利效应模型也是根据补偿变量 CV 为理论基础推导出来的，经过泰勒级数展开及 Shepherd 引理的应用，长期消费福利效应模型最终用公式表示为：

$$\frac{\Delta w^2}{x_0} \cong -\frac{p_0^c q(p_0^c,\ x_0)}{x_0}\frac{\Delta p^c}{p_0^c} - \frac{1}{2}\varepsilon^H \frac{p_0^c q(p_0^c,\ x_0)}{x_0}\left(\frac{\Delta p^c}{p_0^c}\right) \tag{4.19}$$

CR 为粮食消费支出与收入之间的比值，因此，粮食价格变动的长期消费福利效应模型为：

$$\frac{\Delta w^2}{x_0} \cong -CR\cdot\frac{\Delta p^c}{p_0^c} - \frac{1}{2}\varepsilon^H CR\cdot\left(\frac{\Delta p^c}{p_0^c}\right)^2 \tag{4.20}$$

其中，pc 表示粮食零售价格，Δp^c 表示粮食零售价格的变化量，ε^H 表示粮食希克斯价格弹性。

（二）价格变化的长期生产福利效应

长期福利效应模型最终用公式表示为：

$$\frac{\Delta w}{x_0} \cong \frac{p_0^c s_c(p_0^c,\ w_0,\ z_0)}{x_0}\frac{\Delta p^p}{p_0^p} + \frac{1}{2}\varepsilon^s \frac{p_0^p s_c(p_0^c,\ w_0,\ z_0)}{x_0}\left(\frac{\Delta p^p}{p_0^p}\right)^2 \tag{4.21}$$

最后，定义 PR 为所生产粮食的价值与收入（总支出）之间的比值，因此公式（4.21）又等价于：

$$\frac{\Delta x}{x_0} \cong PR\frac{\Delta p^p}{p_0^p} + \frac{1}{2}\varepsilon^s PR\left(\frac{\Delta p^p}{p_0^p}\right)^2 \tag{4.22}$$

其中，p^p 表示粮食生产价格，Δp^p 表示粮食生产价格的变化量，ε^s 表示粮食供给价格弹性。

（三）价格变化的长期总福利效应

结合阐明价格变化对长期消费福利影响的式（4.20）和解释价格变化对生产福利产生的长期福利效应的式（4.22），可得出长期福利效应模型为以下公式：

$$\frac{\Delta w^2}{x_0} \cong PR \frac{\Delta p^p}{p_0^p} + \frac{1}{2}\varepsilon^s PR\left(\frac{\Delta p^p}{p_0^p}\right)^2 - CR \frac{\Delta p^c}{p_0^c} - \frac{1}{2}\varepsilon^H CR\left(\frac{\Delta p^c}{p_0^c}\right)^2 \tag{4.23}$$

其中，Δw^2 是价格变化所引起的净福利效应的二阶近似取值，即长期效应，其他参数见上文的解释说明。

二 三大区域粮食价格波动中的长期福利测算

（一）主产区粮食价格波动中长期福利测算

将运算得出的主产区粮食供给价格弹性和希克斯需求弹性、PR 值和 CR 值代入长期福利效应模型，测算主产区长期福利效应变化，以 1978 年为基准年，1979—2011 年主产区粮食价格及福利变化测算结果见表 4 – 5。

表 4 – 5　　　　　主产区粮食价格变动的长期福利效应

年份	长期生产福利（%）	长期消费福利（%）	长期福利（%）	年份	长期生产福利（%）	长期消费福利（%）	长期福利（%）
1979	0.259	1.284	1.543	1996	1.274	– 0.148	1.126
1980	0.872	– 0.095	0.777	1997	0.273	0.369	0.642
1981	0.750	– 0.063	0.686	1998	– 0.197	0.170	– 0.027
1982	– 0.075	– 0.018	– 0.093	1999	– 0.265	0.193	– 0.071
1983	– 0.370	0.004	– 0.365	2000	0.487	0.330	0.817
1984	0.530	0.067	0.597	2001	0.548	– 0.122	0.425
1985	0.679	– 0.522	0.157	2002	– 0.138	0.066	– 0.072
1986	0.290	– 0.087	0.202	2003	0.624	– 0.111	0.513
1987	0.450	– 0.058	0.392	2004	1.024	– 0.643	0.381
1988	1.142	– 0.168	0.975	2005	– 0.202	– 0.095	– 0.297
1989	2.141	– 0.443	1.698	2006	– 0.018	– 0.074	– 0.092
1990	– 0.979	0.361	– 0.618	2007	0.233	– 0.106	0.127
1991	0.126	– 0.464	– 0.338	2008	0.058	– 0.071	– 0.013
1992	1.612	– 1.243	0.369	2009	– 0.017	– 0.141	– 0.158
1993	1.861	– 0.711	1.150	2010	3.437	– 0.529	2.908
1994	3.490	– 1.861	1.629	2011	3.254	– 0.544	2.710
1995	2.312	– 1.345	0.967				

由表 5 - 1 可知：

（1）我国主产区 1979—2011 年生产价格年均上涨 8.02%，主产区长期生产福利年均上涨 0.772%，说明生产价格每增加 10%，主产区的长期生产福利增加 0.963%。而在此期间，粮食零售价格年均上涨 8.49%，主产区长期消费福利年均减少 0.207%。也就是说，粮食零售价格每增加 10%，主产区长期消费福利损失 0.244%。粮食价格波动的主产区长期总福利变动是长期生产福利效应和长期消费福利效应的总和，在生产价格和零售价格同等幅度变化条件下，长期总福利效应决定于长期生产福利效应的符号。

（2）表 4 - 2 和表 5 - 1 分别反映主产区粮食价格波动短期福利和长期福利，对比分析可知，1979—2011 年，粮食生产价格年均上涨 8.02%，零售价格年均上涨 8.49%，主产区短期总福利年平均增加 0.513%；而长期总福利年平均增加 0.565%。粮食价格的上涨会带来主产区长期和短期生产福利的增加，长期和短期消费福利的减少。相反，粮食价格下降会造成主产区长期和短期生产福利的减少，而其长期和短期消费福利会增加。

（3）随着粮食价格同等幅度变化，主产区长期生产福利的变化（0.963%）大于短期生产福利的变化（0.908%），长期消费福利的损失（0.244%）小于短期消费福利的损失（0.253%），长期总福利的变化（0.565%）大于短期总福利的变化（0.513%）。这些数据表明，粮食价格波动的主产区长期福利效应优于短期福利效应，这意味着在长期中，主产区可以通过调整粮食生产量和消费量来应对粮食价格的波动，使自身福利最大化。但是粮食作为生活必需品缺乏弹性，对于价格变化并不敏感，并不会对其消费量做出大的调整。因此，主产区的长期福利效应优于短期福利效应的效果并不明显。

（二）产销平衡区粮食价格波动中长期福利测算

将运算得出的产销平衡区相关数据代入长期福利效应模型，以 1978 年为基准年，1979—2011 年产销平衡区粮食价格及福利变化测算结果见表 4 - 6。

表 4 - 6   产销平衡区粮食价格变动的长期福利

年份	长期生产福利（%）	长期消费福利（%）	长期福利（%）	年份	长期生产福利（%）	长期消费福利（%）	长期福利（%）
1979	- 0.419	0.715	0.296	1996	0.607	- 0.793	- 0.186
1980	0.863	- 0.405	0.457	1997	- 1.048	- 0.016	- 1.064
1981	0.998	0.360	1.358	1998	- 0.817	0.362	- 0.455
1982	0.272	- 1.257	- 0.985	1999	- 0.590	0.103	- 0.487
1983	0.465	- 0.259	0.205	2000	- 0.341	0.596	0.254
1984	0.964	- 0.256	0.708	2001	0.504	- 0.029	0.474
1985	0.535	- 0.224	0.311	2002	- 0.154	- 0.051	- 0.205
1986	0.788	- 0.610	0.178	2003	0.076	- 0.097	- 0.022
1987	0.863	- 0.715	0.148	2004	0.853	- 0.629	0.224
1988	0.678	- 0.556	0.122	2005	0.012	- 0.104	- 0.092
1989	0.987	- 0.790	0.197	2006	0.103	- 0.087	0.016
1990	- 0.308	0.277	- 0.031	2007	0.311	- 0.190	0.121
1991	1.285	- 0.918	0.367	2008	0.064	- 0.125	- 0.061
1992	2.955	- 1.937	1.018	2009	- 0.170	- 0.108	- 0.278
1993	1.912	- 1.731	0.181	2010	3.875	- 0.927	2.949
1994	5.453	- 3.085	2.367	2011	0.226	- 0.285	- 0.059
1995	3.187	- 2.580	0.607				

由表 4 - 6 可知：

（1）1979—2011 年，随着粮食生产价格和零售价格的变动，产销平衡区的长期生产福利年均上涨 0.757%，说明生产价格每增加 10%，产销平衡区的长期生产福利增加 1.048%。而在此期间，产销平衡区长期消费福利年均减少 0.496%，即粮食零售价格每增加 10%，产销平衡区长期消费福利损失 0.607%。

（2）对比分析产销平衡区粮食价格波动短期福利和长期福利可知，1979—2011 年，粮食生产价格年均上涨 7.22%，零售价格年均上涨 8.17%，产销平衡区长期生产福利的变化（1.048%）大于短期生产福利的变化（1.001%），长期消费福利的损失（0.607%）小于短期消费福利的损失（0.623%），长期总福利的变化（0.262%）大于短期总福利的变化（0.214%）。这些数据表明，粮食价格波动的产销平衡区长期福利效应优于短期福利效应但整体效果并不明显。

（三）主销区粮食价格波动中长期福利测算

1979—2011年主销区粮食价格及福利变化测算结果见表4-7。

表4-7　　　　　　　　主销区粮食价格变动的长期福利效应

年份	长期生产福利（%）	长期消费福利（%）	长期福利（%）	年份	长期生产福利（%）	长期消费福利（%）	长期福利（%）
1979	0.879	-0.091	-0.011	1996	-0.013	-0.667	-0.121
1980	0.289	0.205	1.084	1997	-0.105	-0.342	-0.355
1981	0.429	-0.068	0.221	1998	-0.060	0.167	0.062
1982	-0.064	-0.022	0.407	1999	-0.107	0.042	-0.019
1983	0.796	-0.125	-0.190	2000	0.057	0.030	-0.076
1984	1.015	-1.140	-0.344	2001	0.109	0.130	0.187
1985	0.715	-1.232	-0.217	2002	0.064	-0.003	0.106
1986	0.380	-0.432	0.283	2003	0.060	0.034	0.099
1987	0.253	-0.126	0.254	2004	0.229	-0.181	-0.121
1988	0.439	-0.038	0.215	2005	0.008	-0.235	-0.006
1989	0.896	-0.321	0.118	2006	-0.007	-0.057	-0.049
1990	-0.138	-0.361	0.535	2007	0.093	-0.019	-0.027
1991	-0.205	0.083	-0.055	2008	0.024	-0.023	0.069
1992	0.139	-0.684	-0.889	2009	-0.013	-0.041	-0.017
1993	0.362	-0.805	-0.666	2010	0.422	-0.009	-0.023
1994	0.870	-0.750	-0.388	2011	0.032	0.005	0.427
1995	0.547	-1.086	-0.216				

由表4-7可知：

（1）随着粮食生产价格和零售价格的变动，1979—2011年，主销区的长期生产福利年均上涨0.254%，说明生产价格每增加10%，主销区的长期生产福利增加0.239%。而在此期间，主销区长期消费福利年均减少0.247%，即粮食零售价格每增加10%，主销区长期消费福利损失 0.223%。

（2）对比分析主销区粮食价格波动短期福利（见表 4 - 4）和长期福利（见表 4 - 7），可知，1979—2011 年，粮食生产价格年均上涨 10.62%，零售价格年均上涨 11.07%，主销区长期生产福利的变化（0.239%）大于短期生产福利的变化（0.233%），长期消费福利的损失（0.247%）小于短期消费福利的损失（0.230%），长期总福利的变化（0.008%）大于短期总福利的变化（-0.008%）。这些数据表明，粮食价格波动的主销区长期福利效应优于短期福利效应但整体效果并不明显。

三　三大区域粮食价格波动中长期福利比较

对比分析主产区、产销平衡区和主销区长期福利可知：

（1）我国主产区、产销平衡区和主销区粮食价格变动与长期福利之间的作用关系同粮食价格变动与短期福利之间的作用关系一致，即粮食生产价格的上涨会带来长期生产福利的增加，而粮食零售价格的上升会导致长期消费福利的损失。相反，粮食生产价格下降会造成长期生产福利的损失，而粮食零售价格的下降引起长期消费福利的增加；粮食价格波动的长期总福利变动是长期生产福利效应和长期消费福利效应的总和，在生产价格和零售价格同等幅度变化条件下，长期总福利效应决定于长期生产福利效应的符号。

（2）随着各区域粮食生产价格变动，主产区的长期生产福利年均上涨 0.772%，大于产销平衡区的长期生产福利年均上涨 0.757%，大于主销区的长期生产福利年均上涨 0.254%。这与短期生产福利变化的比较结果相同，说明长期生产福利变化与短期生产福利变化趋势一致。而由于各区域粮食零售价格的变化，产销平衡区长期消费福利年均减少 0.496%，大于主销区长期消费福利年均减少 0.247%，大于主产区长期消费福利年均减少 0.207%，这与短期消费福利变化的比较结果也相同，说明长期消费福利的变化与短期消费福利的变动趋势一致，而各区域长期生产福利变化都大于短期生产福利变化，长期消费福利的损失都小于短期消费福利的损失，这说明长期生产和消费福利的变化不仅与粮食价格的变化相关，也与粮食产量、消费量、粮食的供给弹性和希克斯需求弹性相关。

（3）主产区长期总福利的变化（0.565%）大于产销平衡区长期总福利的变化（0.262%）大于主销区长期总福利的变化（0.008%）。这一结论也与短期总福利变化的比较结果相同，说明长期福利与短期福利的变动趋势一致，但长期福利优于短期福利。

综上所述，长期生产福利、长期消费福利和长期总福利变动趋势与短期生产福利、短期消费福利和短期总福利的变动趋势基本一致，而且长期福利优于短期福利但整体效果不明显。

第五章　粮食价格波动中农户
福利效应研究

第一节　引言

近年来，生物质能源开发、国际粮食价格剧烈波动以及自然灾害频发等因素，导致我国粮食价格波动频繁。粮食生产一直是农户收入的主要来源。粮食价格作为百价之基，其剧烈波动对我国农业生产产生了显著影响（李光泗等，2010）。作为基础价格粮食收购价格的提升，引起一系列价格连锁反应，最终表现为农副产品销售价格的较大幅度提升，从而改变农户的收入预期，价格的利益调节作用又导致农户的福利水平发生变化（Wright，2011）。那么，粮食价格波动对农户造成了什么影响？粮价波动的分配效应如何？对于这些问题的研究，是制定粮食产业政策和实现国家粮食安全的基础性工作。

国内外学者从不同角度探讨了粮食价格波动的影响机理。国外学者主要从消费者不同收入水平入手分析粮食价格波动对其消费的影响。研究结果表明，低收入者受粮食价格波动的冲击最大（Godfray，2010）。学者研究发现，粮食价格上涨引起通货膨胀率的增加将起到降低贫困发生率的作用（Verburg，1999）。亚洲开发银行研究报告运用一般均衡模型（CGE）论证，中国作为粮食净出口国的粮食贸易条件将会随世界粮食价格的上涨有所改善（Veldkamp，1997）；但价格冲击对城镇居民中的低收入者造成的损失更大，农村中粮食的净消费者也是遭受福利损失的主体（David，1998）。此外，学者分析了农业补贴政策，认为粮食补贴政策调动了农民种粮的积极性，对世界农产品价格、贸易和福利产生了影响（Welsh，2003；Daniel，2002）。学者依据一般均衡理论和局部均衡理论，对农业补贴政策产生的原因和实施效果进行了模拟分析。研究发现，政策农业支出真正使农民受益的部分很少（张海姣等，2013）。

随着国内外粮食价格波动日趋加剧，国内学者对我国粮食价格波动给予了关注。现有文献主要集中在两个方面，一是粮食价格波动对粮食生产、农民收入和 CPI 的影响（谭智心等，2012；高帆，2005；韩荣青等，2012）。研究表明，1978—1992 年，粮食价格波动对国民经济影响显著，粮价每增长 1%，对农业产出、国民收入、零售物价的贡献率分别为 0.24%、0.37%、0.157%。粮食产量与粮食价格之间存在相互影响关系，粮食产量对价格的弹性要大于粮食价格对产量的弹性，当年粮食销售价格上涨有利于增加粮食产量，但农产品价格引致农民增收效应有限（顾莉丽，2011；杨万江，2009；伍山林，2000）。从长期看，粮价提高有助于农民增收，而生产资料价格上涨对农民增收的负效应不容忽视（徐志宇等，2013）。黄季焜等通过分析 2006—2008 年国内外农产品价格的变化和原因，发现农民并没有在国际粮食价格上涨中获得应得的利益，并且还受到粮价下降的冲击（梅燕，2010）。这主要是由于国家的限制出口政策，以及粮食价格指数与居民消费价格指数存在显著正相关性，居民消费价格指数对粮食价格指数的影响远大于粮食价格指数对居民消费价格指数的影响（陆文聪，2007）。二是粮食价格波动对居民福利影响的研究。学者从城乡角度出发，研究发现城镇居民和农村居民受粮食价格上涨影响所得到的净收益不同，城镇居民收益减少，农村居民收益增加（罗守全，2005）。还有学者分析了玉米价格变动的福利效应，研究表明，玉米价格上涨有利于生产者福利的改善（陈慧萍，2010），对主产区粮食价格波动生产者福利的分析也得出了相同的结论。与此同时，一些学者分析得出粮食销售价格的提高并不能显著改善农民福利（朱新华和曲福田，2008），另一些学者则认为，粮食生产成本上涨导致农民收入增加的同时粮食消费价格往往也上涨，导致消费者支出增加，粮食价格上涨对农民的福利效应是下降的（杨建利，2012）。

从现有研究看，学者主要关注于粮食价格波动对不同主体造成的影响。在粮食价格波动对农民福利影响的研究中，仅仅将农民作为一个简单的福利主体，并没有区分农民作为粮食生产者和消费者的双重身份，导致研究所得出的结论存在一定分歧。此外，现有研究主要采用收入作为衡量农户福利变动的指标，难以反映价格波动对农户影响的综合效应。基于此，本书从农户视角入手，通过衡量价格变动后补偿变量值的大小，即用以弥补维持价格变化前效用水平的资金额，来考察粮食价格波动对农户作为净生产者和其作为净消费者的福利效应。本书重点从实证角度考察粮食价格波动的福利分配效应，以及由此导致的农户短期福利和长期福利效应的异同，探讨粮价波动对农户福利变化的影响机理，以期为政府粮食价格调控政策创新提供理论基础与实证依据。

第二节　理论模型与数据说明

一　理论模型

价格波动福利效应的研究学者主要采用支付意愿、补偿变量、收入变化等方法。Minot 和 Goletti 提出的农作物价格变动的福利效应模型被广泛应用于价格波动对不同主体影响机理的分析（徐永金，2012）。姜雅丽等（2012）、张祖庆等（2013）、孙小丽（2012）、徐永金（2012）、邵飞等（2011）分别采用 Minot 模型分析了蔬菜、鸡蛋、玉米价格波动等对不同主体的福利影响。该模型选择经济福利作为衡量农户福利效应的指标，主要通过补偿变量方法确定。农户既是粮食生产者，同时也是粮食消费者，粮食价格变动对农户福利的影响可以分解为生产福利效应和消费福利效应两部分，从而测算并分解粮食价格波动的农户福利效应。

（一）价格变化的消费福利效应

消费者剩余是衡量消费者福利的重要指标。对消费者剩余的计算主要采用补偿变量法，指居民为了保持价格变化前的效用水平不变所需要额外支出的资金额。价格变动前后消费者支出的变化值即为补偿变量：

$$CV = e(p_1, u_0) - e(p_0, u_0) \tag{5.1}$$

式中，CV 表示消费者支出的变化值，$e(.)$ 表示支出方程，$e(p_0, u_0)$ 表示价格变化前（p_0）的消费者剩余，$e(p_1, u_0)$ 表示价格变化后（p_1）的消费者剩余，其中，u 表示效用。应用 Shepherd 引理，式（5.2）即为式（5.1）的二阶泰勒级数展开式的近似表达式，价格变化的消费福利效应如下所示：

$$\frac{CV}{x_0} \cong CR\frac{\Delta p^c}{p_0^c} + \frac{1}{2}\varepsilon^H CR\left(\frac{\Delta p^c}{p_0^c}\right)^2 \tag{5.2}$$

式中，CV 表示消费者支出的变化值，CR 值表示粮食消费支出与总支出之比，x_0 表示基期收入，p_0^c 表示价格波动前的销售价格，Δp^c 表示销售价格变化的差值，ε^H 表示粮食希克斯需求弹性。

（二）价格变化的生产福利效应

粮食价格变化对生产者影响主要采用价格变动对生产者利润的影响来表示：

$$\Delta x = \pi(p_1, w_0, z_0) - \pi(p_0, w_0, z_0) \qquad (5.3)$$

其中，Δx 表示收入变化，$\pi(.)$ 表示利润方程，p_0 和 p_1 分别表示价格变化前和变化后，w_0 表示投入价格向量，z_0 表示固定因子。价格变化的生产福利效应如下所示：

$$\frac{\Delta x}{x_0} \cong PR \frac{\Delta p^p}{p_0^p} + \frac{1}{2}\varepsilon^S PR \left(\frac{\Delta p^p}{p_0^p}\right)^2 \qquad (5.4)$$

其中，Δx 表示收入变化，x_0 表示基期收入，PR 值表示粮食产值与总收入之比，Δp^p 表示生产价格变化的差值，p_0^p 表示价格波动前的生产价格，ε^S 表示粮食供给的自价格弹性。

消费者福利效应公式（5.2）与生产者福利效应公式（5.4）之和，即为价格变化的长期总福利效应公式：

$$\frac{\Delta w^2}{x_0} \cong PR \frac{\Delta p^p}{p_0^p} + \frac{1}{2}\varepsilon^S PR \left(\frac{\Delta p^p}{p_0^p}\right)^2 - CR \frac{\Delta p^c}{p_0^c} - \frac{1}{2}\varepsilon^H CR \left(\frac{\Delta p^c}{p_0^c}\right)^2 \qquad (5.5)$$

其中，$\Delta w^2 (=\Delta x - CV)$ 表示净福利效应的二阶近似取值，x_0 表示基期收入，PR 值表示粮食产值与总收入之比，CR 值表示粮食消费支出与总支出之比，Δp^p 表示生产价格变化的差值，p_0^p 表示价格波动前的生产价格，p_0^c 表示价格波动前的销售价格，Δp^c 表示销售价格变化的差值。ε^S 表示粮食供给的自价格弹性，ε^H 表示粮食希克斯需求弹性，当设定 ε^S 和 $\varepsilon^H = 0$ 时，价格变化的短期福利效应公式如下：

$$\frac{\Delta w^1}{x_0} \cong PR \frac{\Delta p^p}{p_0^p} - CR \frac{\Delta p^c}{p_0^c} \qquad (5.6)$$

在上述（5.6）式计算福利效应公式中，Δw^1 表示价格变化所引起的净福利效应的一阶近似取值，由于希克斯需求弹性估计较为困难，因此，采用粮食需求价格弹性 E 和粮食需求收入弹性 η 来估计希克斯弹性，其计算公式如下：

$$\varepsilon^H = E + CR \cdot \eta \qquad (5.7)$$

二　数据来源

本书进行粮食价格福利测算主要采用 1978—2011 年相关数据。农村居民人均粮食出售量、农村居民人均纯收入、农村居民家庭平均每人粮食消费量、农村居民家庭平均每人消费支出数据来自国家统计局网站；粮食生产价格、粮食销售价格数据借鉴徐永金《粮食价格波动对主产区福利影响的实证分析》中的计算结果，生产价格和销售价格运用 CPI 指数进行了处理，以消除通货膨胀的影响。

文中所涉及数据的具体计算公式如下：

CR =（农村居民家庭平均每人粮食消费量×粮食销售价格）/农村居民家庭平均每人消费支出×100%

PR =（农村居民人均粮食出售量×粮食生产价格）/农村居民人均纯收入×100%

粮食生产价格波动率 =[（当年粮食生产价格 − 前一年粮食生产价格）/前一年粮食生产价格]×100%

粮食消费价格波动率 =[（当年粮食销售价格 − 前一年粮食销售价格）/前一年粮食销售价格]×100%

第三节　主要参数估计

对粮食价格波动的农户福利效应进行测算，需要估计三个主要参数：（1）粮食供给价格弹性（ε_c^s）；（2）粮食价格需求价格弹性（E）和需求收入弹性（η）；（3）粮食净收益率 NBR、粮食产值与收入的比值 PR 和粮食消费支出与总支出的比值 CR。

一　序列的协整检验

判断宏观经济时间序列数据是否是平稳数据，需要进行平稳性检验。本书采用 ADF 单位根检验方法，以防止产生虚假回归问题。分别对粮食供给与需求函数的主要变量进行单位根检验。检验结果如表 5 − 1 所示。结果表明，供给函数各变量的对数值在 10% 的显著性水平下均为不平稳序列，一阶差分后分别在 1% 和 5% 的显著性水平下平稳，说明供给函数各变量均为一阶单整序列；需求函数各变量的对数值在 10% 的显著性水平下均为不平稳序列，一阶差分后分别在 1% 和 5% 的显著性水平下平稳，说明需求函数各变量均为一阶单整序列。

表 5－1　　　　　　　　供给与需求变量的平稳性检验结果

变量	检验类型 (C, T/N, K)	ADF 统计量	临界值 (1%)	临界值 (5%)	临界值 (10%)	结论
ln(Y)	(C, N, 4)	1.0272	-2.6857	-1.9591	-1.6075	不平稳
Λln(Y)	(C, T, 4)	-4.375***	-3.8315	-3.0300	-2.6552	平稳
ln(ARE)	(C, N, 4)	1.6405	-2.6857	-1.9591	-1.6075	不平稳
Λln(ARE)	(C, T, 4)	-3.1316**	-3.8315	-3.0300	-2.6552	平稳
ln(FER)	(C, N, 4)	1.9387	-2.6924	-1.9602	-1.6071	不平稳
Λln(FER)	(C, T, 4)	-1.7791*	-2.6924	-1.9602	-1.6071	平稳
ln(GP)	(C, N, 4)	2.1217	-2.6857	-1.9591	-1.6075	不平稳
Λln(GP)	(C, T, 4)	-3.1718**	-3.9591	-3.0810	-2.6813	平稳
ln(DIS)	(C, N, 4)	-0.4342	-2.6998	-1.9614	-1.6066	不平稳
Λln(DIS)	(C, T, 4)	-5.2770***	-3.8574	-3.0404	-2.6606	平稳
ln(PGC)	(C, N, 4)	-1.3308	-2.6857	-1.9591	-1.6075	不平稳
Λln(PGC)	(C, T, 4)	-4.5567***	-4.5326	-3.6736	-3.2774	平稳
ln(GPI)	(C, N, 1)	1.5391	-2.6924	-1.9602	-1.6071	不平稳
Λln(GPI)	(C, T, 3)	-3.5003**	-3.9204	-3.0656	-2.6735	平稳
ln(GP)	(C, N, 0)	-0.0625	-2.6857	-1.9591	-1.6075	不平稳
Λln(GP)	(C, T, 0)	-4.0025***	-3.8315	-3.0310	-2.6552	平稳

注：（1）检验类型（C, T/N, K）表示单位根检验方程包括常数项、时间趋势和滞后阶数，N 是指不包括 C 或 T；（2）*** 表示 1% 的显著性水平，** 表示 5% 的显著性水平，* 表示 10% 的显著性水平；（3）Δ 表示序列的一阶差分。

在平稳性检验基础上，需要考察自变量与因变量之间是否存在稳定的长期均衡关系，即是否存在协整关系。本书采用回归方程的残差序列进行单位根检验，以判断因变量与自变量之间的协整关系。供给函数与需求函数的检验结果表明（见表 5－2），供给与需求函数各变量分别在 99% 和 95% 的置信水平下，通过单位根检验，即残差序列平稳，可以进行回归分析。

表 5 - 2　　　　　　　　残差序列 ADF 检验结果

	检验类型 (C, T/N, K)	ADF 统计量	临界值 (1%)	临界值 (5%)	临界值 (10%)	结论
供给函数残差序列 存在单位根	(C, N, 0)	-4.2132***	-3.4592	-2.8963	-2.5989	平稳
需求函数残差序列 存在单位根	(C, N, 1)	-2.2659**	-2.6417	-2.0153	-1.5206	平稳

注：*** 代表 1% 的显著性水平，** 代表 5% 的显著性水平，* 代表 10% 的显著性水平。

二　粮食供求价格弹性及收入弹性估计

（一）粮食供给价格弹性

采用改进的柯布—道格拉斯生产函数估计粮食供给价格弹性，最常用的模型是双对数模型。产量方程如下：

$$\ln Y = b_0 + b_1 \ln IRR_t + b_2 \ln FER_t + b_3 \ln DIS_t + b_4 \ln ARE_t + b_5 PG_t + U_t \quad (5.8)$$

其中，Y 指粮食产量，IRR_t 指粮食作物灌溉面积，FER_t 指本种植年度的化肥投入，DIS_t 指本种植年度粮食受灾面积，ARE_t 指粮食作物种植面积，PG_t 指粮食价格。使用软件为 Eviews 6.0，估计粮食生产的双对数回归方程如下：

$$\ln(Y) = -7.02 + 0.584 \ln IRR_t + 0.344 \ln FER_t - 0.131 \ln DIS_t + 1.899 \ln ARE_t +$$
$$(2.012^{**})(1.968^{*})\quad(4.326^{***})\quad(-2.86^{***})(3.131^{***})$$

$$0.071 \ln PG_t$$

$$(2.62^{***}) \quad\quad\quad\quad\quad\quad\quad\quad\quad\quad\quad\quad\quad\quad (5.9)$$

$$R^2 = 0.68 \quad\quad F = 36.647$$

说明：* significant at 10%，** significant at 5%，*** significant at 1%。

主要变量的估计系数通过检验。预测方程 R^2 值的拟合度较好，为 0.68。主要变量系数在 1%—10% 的范围内显著。产量方程的回归结果显示，粮食的自价格弹性值为 0.071，表明粮食价格上涨 10%，粮食产量只增加 0.71%。

（二）粮食需求价格弹性及收入弹性

人均粮食消费估计采用如下模型：

$$\ln PGC_t = b_0 + b_1 \ln GPI_t + b_2 \ln PG_t + U_t \quad\quad\quad\quad\quad (5.10)$$

其中，PGC_t 指农村地区的人均粮食消费量，GPI_t 指农村地区的人均实际收入，PG_t 指粮食实际价格。

估计我国农村人均粮食消费量对数回归方程如下：

$$\ln(PGC_t) = 9.285 - 0.427\ln(PG_t) - 0.234\ln(GPI_t)$$
$$(8.923^{***})\quad(-2.342^{**})\quad(-3.740^{***})\qquad(5.11)$$
$$R^2 = 0.87\qquad F = 65.459$$

估计结果显示，方程 R^2 拟合度良好，为 0.87。主要变量系数分别在 1%—5% 的范围内显著。粮食需求价格弹性为 -0.427，这意味着，当粮食价格上涨 10%，农户粮食人均消费量将减少 4.27%。需求收入弹性为负且影响显著，估计系数为 -0.234，意味着实际收入增加 10%，农村地区的粮食人均消费量将减少 2.34%。

（三）CR 与 PR 值估计

根据前文定义，CR 值为所消费粮食支出与总支出之间的比值，考察农户作为净消费者所消费粮食价值占其总支出的比重。PR 值为所生产粮食的产值与总收入的比值，即农户粮食生产收入占其总收入的比重。NBR 值是 PR 值与 CR 值之差，NBR 值反映了农户净收益率的变化情况。当农户净收益率大于零时，表明农户在粮食产销中的净出售者身份；而当农户净收益率小于零时，表明其在粮食产销过程中的净购买者身份。计算结果如图 5-1 所示，反映了 1978—2011 年农户粮食生产与消费占其总收入（总支出）比重的变化情况。

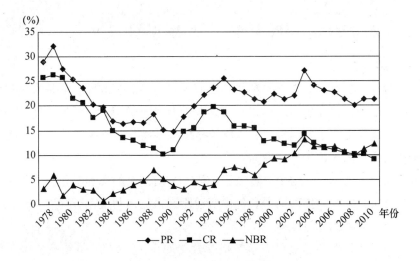

图 5-1　农村居民粮食收益率变化情况

第一，CR 值总体变化趋势表现为曲折递减过程。CR 值的波动与粮食价格波动既有联系又有区别。粮食价格波动率的降低主要是国家加大粮价调控力度，抑制粮价上涨过快的结果，而 CR 值波动减小是由于粮食消费占农民支出的比重越来越小。CR 值的总体变化过程充分显示出随着收入增加、农户生计得到改善，恩格尔系数下降，消费的多样化使得以粮食为代表的食品消费在总支出中的比重不断下降，CR 值呈现出逐年递减的趋势。

第二，PR 值与 CR 值变化趋势基本一致，但波动较为频繁。PR 值的总体下降过程说明粮食生产收入占农民收入比重逐年下降。究其原因，随着城市化进程的加快，农村劳动力大量转移到第二、第三产业，加之粮食种植的成本收益率较低，农民种粮积极性下降，势必影响种植收入。与此同时，外出务工使得非农收入比重越来越大，因此，PR 值表现为逐年递减的变化过程。尤其是 2004 年以后，尽管粮食价格持续大幅上涨，国家在 2006 年又全面取消了农业税，但 PR 值却一直下降，更说明了这一点。

第三，粮食生产净收益率 NBR 值由 PR 值与 CR 值共同决定，反映了农民作为粮食生产者和消费者所占的比重。NBR 值大于 0，表明农户主要处于生产者地位，PR 值反映了农户的规模收益。而 PR 值处于逐年递减的过程，意味着价格上涨带来农户福利的增加处于递减状态；CR 值的变动相对平缓，反映了粮食作为生活必需品的特性。

第四节　实证分析

粮食价格波动对农户福利状况影响主要包括两个方面。一是农户作为粮食生产者，粮食价格变动将直接影响其作为生产者的福利状况。同时，农户也是粮食的主要消费者，粮食价格的波动将直接影响其作为消费者的福利状况。因此，价格变动的农户福利效应可分解为两个部分：一是生产福利效应，即农户作为生产者由于价格变动所带来的福利变化；二是消费福利效应，即农户作为消费者价格变动所带来的福利变化。

一　福利测算与分析

利用估计得到的粮食需求价格弹性绝对值 $E0.427$、供给自价格弹性值 $\varepsilon^{s}0.071$、需求收入弹性绝对值 $\eta0.234$，以及计算所得的 CR 值和 PR

值等数据，运用模型（5）和模型（6），得到粮食价格波动的农户短期和长期福利效应，我国粮食价格波动的福利效应具体测算结果如图5-2所示。

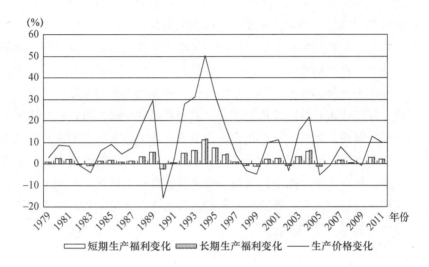

图5-2　生产价格波动与农村居民长、短期生产福利变化对比

　　粮食生产价格变化对短期生产福利变化和长期生产福利变化的影响一致，呈明显的正向作用关系（见图5-2）。粮食生产价格上涨，则生产福利变化值为正，反映出粮食价格上涨促进了作为生产者农户福利状态的改善；粮食生产价格下跌，其生产福利的变化值为负，意味着农户作为生产者，价格下跌导致福利状况的恶化。1978—2011年，平均粮食生产价格每提高10%，农户的短期生产福利将增加2.17%，长期生产福利增加2.19%，反映出价格波动对农户长期福利变动的影响高于短期福利。这主要是由于随着生产价格的上涨，农户短期福利增加。这将鼓励农户通过调整种植面积、生产资料投入等增加粮食产量，农户长期生产福利得到进一步提高。然而，由于产量增加的有限性，以及粮食价格上涨带动其他商品价格普遍上涨的连锁反应，农户长期福利增加的值较小。因此，政府应利用粮食出口国的有利地位，抓住机遇，在国际粮食价格剧烈上涨时增加出口，提高国内农户福利水平。

　　粮食消费价格变动对短期消费福利变化和长期消费福利变化的影响一致，呈明显的负向作用关系（见图5-3）。粮食销售价格上涨，则消费福利变化值为负，意味着农户作为消费者，价格上涨带来福利状态的恶化；粮食销售价格下跌，消费福利变化值为正，意味着农户作为消费者，粮价下跌带来福利状况的改善。1978—2011 年，平均粮食销售价格每提高10%，短期消费福利减少 1.44%，长期消费福利将减少 1.34%。这主要是由于短期内粮食价格波动主要是由市场因素、库存变化、投机炒作等引起的，作为消费者的农户无法预期粮食价格水平变动。由于缺乏提前储备等应对能力，食品消费比例的提高，导致其购买生活必需品的成本大大提高，实际购买力将会缩水；而长期内价格的变动则更多的是粮食产量、通货膨胀、经济政策等共同作用的结果，农户在长期中做出决策进行应对的能力会相应提高。此外，面对粮食价格波动，作为纯消费者的农户将遭受更大的福利损失，贫困脆弱性增强。这也证实了农户面对价格上涨的消费行为反应，粮食价格上涨通过价格—价格螺旋变动引致其他农业生产资料或生活用品价格的上涨，而这种福利的再分配效应降低了农户的实际购买力，导致其福利水平的恶化。

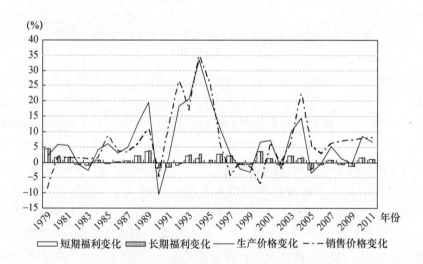

图 5-3　消费价格波动与农村居民长、短期消费福利变化对比

图 5-4 反映了粮食价格波动与农户福利变化之间的相互关系。农村居民总福利变化由生产福利变化与消费福利变化两部分组成，生产价格波动和销售价格波动共同影响总福利的变化。而生产价格波动方向与生产福利变化方向一致，销售价格波动方向与消费福利变化方向相反。因此，当

两者波动方向一致时，价格波动作用强的决定福利变化的正负。由图5－4可以看出，除个别年份（1985年、1992年和2008年）外，生产价格变动的符号与农户总福利变化一致，反映出生产价格波动对生产者福利的影响更大。这主要是由于粮食价格的供给弹性ε^s和需求弹性ε^H都比较小，因而，其价格的灵敏度（价格灵敏度为供给弹性的倒数）则较大，农户的生产福利效应占据主导地位。两者波动方向相反时，相互作用决定总福利变化。生产者福利变动与消费者福利变动相反方向的作用机制导致我国农村内部收入不平等状况加剧，农户间福利差异扩大。但这种不平等由粮食生产收入在总收入比重中的下降而在一定程度上得以缓解。

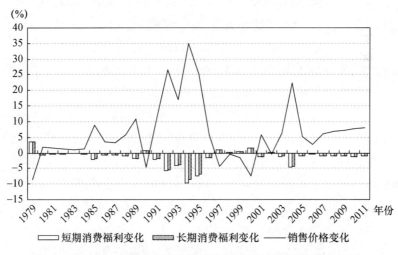

图5－4　生产、销售价格波动与农村居民长、短期福利变化对比

二　福利变动的阶段性特征

长期来看，粮食价格波动的趋势同时也反映了农户福利的变动趋势。因此，本书根据占主导地位的粮食生产价格波动将农户的福利效应变动分为五个阶段进行分析，结果如表5－3所示。

表5－3　　　　　　　　不同阶段粮食价格波动的农户福利效应

阶段	生产福利变化（%）		消费福利变化（%）		总福利变化（%）	
	短期	长期	短期	长期	短期	长期
1978—1989年（价格↑）	17.55	17.65	－5.09	－4.83	12.46	12.82

续表

阶段	生产福利变化（%）		消费福利变化（%）		总福利变化（%）	
	短期	长期	短期	长期	短期	长期
1990—1991 年（价格↓）	-2.01	-1.99	-1.31	-1.22	-3.32	-3.21
1992—1997 年（价格↑）	34.87	35.29	-27.59	-25.14	7.28	10.15
1998—1999 年（价格↓）	-1.80	-1.80	0.50	0.50	-1.30	-1.30
2000—2011 年（价格↑）	18.47	18.58	-12.42	-11.86	6.05	6.72

1978—1989 年、1992—1997 年和 2000—2011 年这三个阶段，国内粮食生产价格上涨，农户短期生产福利分别增加 17.55%、34.87% 和 18.47%，短期消费福利损失分别为 5.09%、27.59% 和 12.42%，生产福利占据主导地位，农户的短期总福利分别增加 12.46%、7.28% 和 6.05%；农户长期生产福利分别增加 17.65%、35.29% 和 18.58%，长期消费福利损失分别为 4.83%、25.14% 和 11.86%，生产福利占据主导地位，农户的长期总福利分别增加 12.82%、10.15% 和 6.72%。

1990—1991 年、1998—1999 年这两个阶段，由于价格下跌引起的农户短期生产福利变化为负值，短期消费福利变化为正值。特别需要说明的是，1990—1991 年由于 1988—1989 年粮食价格上涨过于剧烈，致使该阶段短期消费福利变化为负值。农户的短期总福利依然以生产福利贡献为主，分别减少 3.32% 和 1.30%。长期总福利表现出同样的趋势，以生产福利为主，分别减少 3.21% 和 1.30%。

总的来说，尽管五个阶段粮价有涨有跌，但农户长期总福利变动均与其长期生产福利变化一致，而且农户长期福利效应优于短期福利效应。这意味着在长期中，农户作为理性经济人可以通过调整粮食产量和消费量来应对粮食价格波动，使自身福利最大化，而且也证明了粮食价格波动导致短期福利较大的变动，而长期福利变动随农户的调整行为而降低这一作用机制的存在，为避免价格波动导致农户福利状况恶化，增加农户收入提供了借鉴。

第五节　结论与研究展望

一　结论

基于 1978—2011 年粮食生产、消费以及价格波动的相关数据，本书运用 Minot 福利效应模型对粮食价格波动的农户福利效应进行实证分析。结果表明，粮食价格波动导致农户福利的变动，但生产价格波动与消费价格波动的作用方向不同。粮食生产价格变动与农户生产福利变动正相关，而粮食消费价格变动与农户消费福利变动负相关，粮食价格波动引起农户收入与粮食消费支出变化的相对值决定农户的总福利效应。具体结论如下：

（1）粮食价格波动的农户福利效应由两方面组成，包括农户作为净生产者的福利变动和其作为净消费者的福利变动。在生产价格、消费价格同等幅度变化的情况下，农户的生产福利效应优于消费福利效应，农户生产福利效应在其总福利效应中起决定性作用。粮食生产价格变动与农户生产福利变动呈正相关，粮食生产价格上涨有助于农户福利水平的改善和提高。然而在近几年价格上涨中，国内粮食价格上涨幅度远低于国际粮食价格上涨幅度，一方面体现了政府粮食价格政策调控的有效性，另一方面也反映了政府在粮价调控中存在偏好城市居民而忽视农村居民利益的倾向，农户并没有分享到粮食价格上涨的福利改善。

（2）短期内，农户总体福利变动主要由 PR 和 CR 值决定，在粮食生产过程中，农户处于净出售者地位，粮食价格变化引起农户收入与粮食消费支出变化的相对值决定农户总福利效应，当价格变化引起农户收入大于粮食消费支出变化时，农户福利效应为正，即福利得到改善。长期中，农户总体福利变动还取决于粮食需求价格弹性和供给价格弹性，作为农产品，粮食具有价格弹性低的特点。政府应根据价格波动状况，在波动达到一定阈值时适时启动粮食价格预警机制以及生产者价格补贴政策。

（3）农户在长期条件下能够根据粮食价格变化调整相应的生产量和消费量，对粮食价格的波动做出反应，且这种调整能力大于短期。然而，粮食供给弹性和需求弹性较小，且供给弹性小于需求弹性，农户生产对粮食价格变化做出决策调整的过程比较迟钝和滞后，单纯依靠价格来调控、引导农户生产行为效果可能有限，需要其他配套政策措施，如农业投入政策、农业信贷政策、农业保险政策和农业科技政策等，来引导农户生产行为，增加粮食有效供给。

二　研究展望

本书借助福利经济学相关理论考察了粮食价格波动的农户福利效应。研究结果有助于把握粮价波动中行为主体的整体福利变动情况，从而为提高政府决策有效性提供实证依据。然而，由于数据的可得性问题，本书研究运用的时间序列数据只有 34 年，存在一定的缺憾。此外，粮食价格波动对主产区、主销区以及产销平衡区福利变动的影响以及粮食价格波动对农村居民福利变动和城镇居民福利变动的比较差异分析将作为进一步研究的方向。

第六章 粮食价格波动对城镇不同
收入等级居民福利变化
影响的实证分析

第一节 引言

近几年来，由于自然灾害频发、生产成本增加、耕地面积下降、国际粮食危机、生物燃料发展以及国际市场投机等对我国的影响，导致粮食价格频繁且剧烈的波动。2011—2012 年，大豆价格上涨约 60%，2012 年 6 月中旬以来，小麦价格上涨了 50%，玉米价格上涨超过 45%。

粮食价格一直是各界关注的焦点和热点。对最贫困的欠发达国家而言，居民每日收入的 2/3 用于粮食消费。调查显示，我国低收入户的恩格尔系数接近 0.5，粮食价格上涨对低收入群体的生活影响最大。粮食价格波动往往引发成本推动型通货膨胀，居民实际购买力水平下降，通过替代效应购买质量低劣的产品，导致其福利状况恶化。然而城镇居民福利变动与粮食价格波动的相互关系怎样？不同收入等级城镇居民粮食价格波动导致其福利变动的状况如何？粮食价格波动对城镇居民短期与长期福利变动的冲击效果是否显著？对这些问题的研究，是完善我国粮食市场价格机制的基础性工作。因此，考察粮食价格波动的居民福利效应，量化分析粮食价格波动对不同收入等级居民尤其是低收入城镇居民福利状况变动的影响机理，探讨粮价波动对城镇居民的冲击路径，对稳定粮食市场价格、提高城镇居民生活质量具有重大现实意义。

国内外学者主要关注价格波动的机理机制、价格与收入、CPI 等关系研究。胡永泰等（Wing Thye Woo et al.，2011）利用中国城镇居民调查资料，考察不同收入水平城镇居民恩格尔系数与收入水平间的关系。研究发现，收入水平不同导致恩格尔系数发生变化，这一结论得到联合国粮农组织（2008）的验证，即无论农村还是城镇，处在收入最底层的 20% 居民生活水平受价格波动的影响最严重。一些学者认为，粮价上涨导致的成本推动型通胀可以增加城乡居民的收入，从而在一定程度上改善其生活水平；也有分析发现，粮价上涨有利于改善中国的贸易条件；但对不同人群的影响不同，低收入群体受冲击最大；郭劲光（2009）的研究也得出了类似的结论，即由于城镇贫富分化的加剧导致粮食价格上涨，不同群体的承受能力也不同。杰弗里（Jeffrey Alwang，2001）对非洲地区的研究发现，由于食品价格的上涨使低收入居民消费进入更低层次，孩子辍学补贴家用，或出售固定资产以补贴家用，使生计能力降低。皮尔罗尼（Pieroni，2010）对意大利的研究发现，由于食品价格上涨，低收入人群对非健康食品的消费增加，导致在这些群体肥胖的发生率远大于其他群体。国内学者对粮食价格波动进行了多方面研究，考察了粮食价格、收入变动对居民营养摄入的影响；还有学者按经济发展水平分析东中西部典型城市低收入群体受粮食价格上涨的冲击程度，得出了低收入群体受冲击更大的结论。也有学者分别从城乡角度进行了研究，石敏俊等（2009）发现城镇和农村居民受粮食价格上涨的影响，其收益不同，城镇居民减少，农村居民净收益增加，但张淑萍（2011）的研究发现粮价涨幅低于 10%，不会对城市居民生活造成显著的影响。还有学者认为，粮食价格的变动对农村的影响比城市更大，农村的低收入人口和贫困主体将比城市人口遭受的影响程度更深。对单一品种粮食的分析，邵飞和陆迁（2011）考察了我国作为净购买者和净出售者的玉米价格变化对经济福利分配的影响，结果表明，玉米价格与不同主体福利呈反方向变动。此外，学者更进一步从技术进步的角度，测算了技术进步的福利效应，认为技术进步改善了社会福利，但福利在生产者和消费者之间的分配是非均衡的。

　　现有研究集中于粮价波动原因、后果、传导机制、价格波动与城乡居民收入、CPI 关系以及价格波动对食品安全的影响研究，学者关注到价格波动对不同收入群体的影响不同。然而，采用实证分析方法定量考察粮食价格波动对城镇不同收入等级居民短期及长期福利效应及福利影响效果的研究较为少见。因此，本书考察粮食价格波动对城镇居民整体福利效应的影响，将城镇居民按收入分为七个等级，探讨不同收入等级居民粮食价格波动的福利冲击效应，最后实证分析粮食价格波动对整体城镇居民短期及长期福利变动冲击的路径及冲击效果。以期为政府缩小城镇居民内部收入差距、制定粮食价格调控政策和食品补贴政策、保障城镇居民福利均衡提供理论与实证依据。

一　模型选择

城镇居民作为最主要的粮食消费者，粮食价格变动对城镇居民福利状况影响主要是其作为净消费者所产生的福利效应。福利是基于效用基础上的概念，主要通过支付意愿、补偿变量等方法确定。借鉴 Minot 和 Goletti（2000）提出的农作物价格变动的福利效应模型，选择经济福利作为衡量农户福利效应指标，测定价格变化导致城镇居民短期及长期福利效应的变动。

价格变化短期福利效应模型：

$$\frac{\Delta\omega^1}{x_0} = -CR\frac{\Delta p^c}{p_0^c} \tag{6.1}$$

其中，Δw^1 表示价格波动对城镇居民的短期福利影响。CR 值为粮食消费占城镇居民总收入的比值。X_0 为居民初始收入值，P_0^c 为考察期初始粮食零售价格，粮食零售价格的变动率由 ΔP^c 表示。

价格变化长期福利效应模型

$$\frac{\Delta\omega^2}{x_0} = -CR\frac{\Delta p^c}{p_0^c} - \frac{1}{2}\varepsilon_c^H CR\left(\frac{\Delta p^c}{p_0^c}\right)^2 \tag{6.2}$$

其中，$\Delta\omega^2$ 表示粮食价格波动对城镇居民的长期福利影响，ε_c^H 是粮食希克斯需求弹性，其计算公式如下：

$$\varepsilon_c^H = E + CR_c \cdot \eta \tag{6.3}$$

其中，E 表示粮食需求价格弹性，η 表示粮食需求收入弹性。

二　数据来源

本书借鉴徐永金和陆迁（2012）对粮食主产区划分方法，采用1978—2010 年粮食主产区城镇居民人均粮食消费量、人均工资及粮食零售价格等相关数据进行参数估计与福利测算。由于缺乏 1978—1990 年各省份城镇居民可支配收入的数据，因此采用人均工资作为城镇居民可支配收入的代理变量。数据主要来源于 1978—2011 年《中国农村统计年鉴》、《中国统计年鉴》以及《全国农产品成本收益资料汇编》等。由于数据缺失，对城镇不同收入等级居民的福利分析数据主要源于 1995—2010 年《中国价格及城市（镇）居民家庭收支调查统计年鉴》，将其分为七个收入等级。为消除通货膨胀影响，对各价格指数均进行了相应处理，并将其指数化。

三　参数估计

测算粮食价格波动的城镇居民福利效应，需要估计粮食价格的需求弹性（ε_c^H）和收入弹性（η）。为防止"伪回归"现象的存在，应对所选各个变量进行单位根检验（ADF 检验）。检验结果（见表 6-1）表明，城镇居民粮食消费量、工资和粮食零售价格的对数值在零阶水平上均为不平稳序列；对其进行一阶差分后均为平稳序列，预示着这 3 个变量之间可能存在协整关系。因此，确定变量间协整关系需要进行残差的单位根检验，结果如表 6-2 所示。

表 6-1　　　　　　　　　　　变量的单位根检验

变量	检验类型 （C，T，K）	ADF 统计量	临界值 （1%）	临界值 （5%）	临界值 （10%）	结论
$\ln(d)$	（C，T，0）	-0.842	-3.654	-2.957	-2.617	不平稳
$\Delta\ln(d)$	（C，T，0）	-4.365 ***	-3.662	-2.960	-2.619	平稳
$\ln(wage)$	（C，T，0）	-0.406	-3.654	-2.957	-2.617	不平稳
$\Delta\ln(wage)$	（C，T，0）	-5.359 ***	-3.662	-2.960	-2.619	平稳
$\ln(p^c)$	（C，T，1）	-1.051	-3.662	-2.960	-2.619	不平稳
$\Delta\ln(p^c)$	（C，T，0）	-3.351 **	-3.662	-2.960	-2.619	平稳
SW	（C，T，0）	-3.169 **	-3.654	-2.957	-2.617	平稳
LW	（C，T，0）	-3.188 **	-3.654	-2.957	-2.617	平稳
$\hat{P}$	（C，T，0）	-3.348 **	-3.654	-2.957	-2.617	平稳

表 6-2　　　　　　　　　　　残差序列单位根检验结果

原假设	检验类型 （C，T，K）	ADF 统计量	临界值 （1%）	临界值 （5%）	临界值 （10%）	结论
需求方程残差序列存在单位根	（C，T，0）	-5.181 ***	-3.670	-2.964	-2.621	平稳
短期福利与粮食价格变动的误差修正模型残差序列存在单位根	（C，T，0）	-5.262 ***	-3.670	-2.964	-2.621	平稳
长期福利与粮食价格变动的误差修正模型残差序列存在单位根	（C，T，0）	-5.194 ***	-3.670	-2.964	-2.621	平稳

　　模型残差序列单位根检验结果表明，在99%的置信区间下，ADF检验值小于1%的临界值，残差序列不存在单位根，即残差序列平稳。因此，变量间存在长期稳定的均衡关系。模型如下：

$$\ln(d) = 7.004 - 0.162\ln(wage) - 0.207\ln(p^c)$$
$$\quad\quad\quad (-8.607^{***}) \quad\quad\quad\quad (-2.653^*)$$

$$\overline{R}^2 = 0.953, \ F = 301.258 \quad\quad\quad\quad\quad\quad\quad (6.4)$$

　　说明：significant at 10%，** significant at 5%，*** signifcant at 1%。

　　根据预测方程的回归结果可知，可决系数为0.953，F值为301.258，说明方程的拟合程度很好。

　　城镇居民粮食需求收入弹性为负且影响显著，粮食需求每提高10%，粮食需求量就会相应下降1.62%；城镇居民粮食消费价格弹性系数为 -0.207，这意味着，粮食价格上涨10%，粮食需求消费量就会相应下降2.07%。

第二节　粮食价格波动中城镇居民整体福利效应分析

　　利用估计得到的粮食需求价格弹性绝对值 ε_c^H 0.207 和需求收入弹性绝对值 η 0.162，以及计算所得的 CR 值等数据，运用模型（1）和模型（2），得到粮食价格波动的城镇居民短期和长期福利效应，我国粮食价格波动的福利效应具体测算结果如表6-3所示。

　　从粮食消费占城镇居民收入比重的值来看，CR 值表现出逐渐下降的趋势，反映出经济的飞速发展促使城镇居民的收入不断提高，而由于粮食的需求弹性较小，对粮食需求具有相对稳定性。因而，粮食消费随着收入的提高而下降，符合恩格尔定律。

　　由表6-3可知，1978—2010年，我国城镇居民福利水平整体上呈下降态势，反映了我国粮食价格波动的上涨趋势。城镇居民的短期福利与粮食零售价格的作用方向相反，即粮食价格上涨导致城镇居民短期福利减少，福利的变化值为负。这主要是由于粮食价格上涨，短期内城镇居民的名义收入难以改变，意味着实际收入的下降；粮食价格上涨的替代效应强于收入效应，居民实际粮食消费量下降，福利水平恶化。从长期趋势看，居民可以在粮食与其他食品之间进行替代，且收入效应的作用逐渐提高，居民能够提高其效用值，因此，城镇居民粮食价格波动的长期福利效应改善程度高于短期。由于粮食必需品的属性，导致长期福利变化优于短期福利变化的整体效果不明显。粮食的收入需求弹性是随着收入水平的提高而降低的，通过考察不同收入群体城镇居民粮食价格波动的福利分配效应，有利于我们深入探讨粮食价格波动导致的福利在不同收入阶层之间的分配所导致的福利分化问题。

表 6 – 3　　　　　　　　　　城镇居民粮食价格变动的福利效应

年份	零售价格（元/公斤）	CR（%）	短期消费福利（%）	长期消费福利（%）	年份	零售价格（元/公斤）	CR（%）	短期消费福利（%）	长期消费福利（%）
1979	0.131	2.929	0.217	0.219	1995	0.902	1.870	-0.698	-0.671
1980	0.136	2.922	-0.115	-0.115	1996	0.994	1.801	-0.183	-0.181
1981	0.140	2.888	-0.079	-0.079	1997	0.936	1.487	0.087	0.087
1982	0.142	2.833	-0.044	-0.044	1998	0.926	1.242	0.014	0.014
1983	0.145	3.140	-0.055	-0.055	1999	0.905	1.071	0.024	0.024
1984	0.145	2.302	-0.009	-0.009	2000	0.813	0.842	0.086	0.087
1985	0.165	2.021	-0.278	-0.274	2001	0.890	0.777	-0.074	-0.073
1986	0.173	1.997	-0.098	-0.097	2002	0.884	0.665	0.005	0.005
1987	0.181	1.785	-0.083	-0.083	2003	0.966	0.652	-0.061	-0.060
1988	0.196	1.659	-0.136	-0.135	2004	1.346	0.807	-0.317	-0.304
1989	0.228	1.721	-0.275	-0.270	2005	1.407	0.691	-0.031	-0.031
1990	0.214	1.376	0.083	0.084	2006	1.505	0.637	-0.044	-0.044
1991	0.251	1.519	-0.264	-0.259	2007	1.617	0.584	-0.044	-0.043
1992	0.348	1.596	-0.615	-0.590	2008	1.729	0.547	-0.038	-0.038
1993	0.432	1.430	-0.348	-0.339	2009	1.966	0.969	-0.133	-0.131
1994	0.657	1.687	-0.876	-0.828	2010	2.191	0.955	-0.109	-0.108

第三节 粮食价格波动对城镇不同收入等级 居民福利影响分析

粮食价格波动不仅导致福利绝对水平的变化，而且导致福利相对水平，即福利在不同收入层级城镇居民间分配的改变。价格波动导致城镇居民内部福利分化的加剧，本部分通过将城镇居民分为七个收入组，分析不同收入组居民受粮价波动的福利变动情况。

一 CR值分析

由于1995年之前收入分层数据的缺失，本书采用1995—2010年不同收入等级城镇居民粮食消费支出与全年人均总收入数据（2002年和2008年数据缺失，采用趋势外推法获得数据），计算不同收入等级CR值的变化情况，计算结果如表6-4所示。

表6-4 不同收入组城镇居民粮食消费占收入的比值

年份	最低收入户CR（%）	低收入户CR（%）	中等偏下收入户CR（%）	中等收入户CR（%）	中等偏上收入户CR（%）	高收入户CR（%）	最高收入户CR（%）
1995	11.4786	10.1096	8.6676	7.5192	6.5851	5.8769	4.8352
1996	10.9483	9.4061	8.1210	7.0853	6.2503	5.3970	4.5669
1997	9.5491	8.0210	6.8299	5.8695	5.0204	4.2282	3.5993
1998	8.8230	7.3260	6.3613	5.4299	4.6357	3.9629	3.2338
1999	7.9176	6.6716	5.8238	4.7914	4.0409	3.4856	2.9057
2000	6.7453	5.4441	4.7248	3.9249	3.2611	2.8401	2.2795
2001	6.4177	5.2809	4.4268	3.7513	3.0177	2.5925	2.0943
2002	7.1896	5.5341	3.9859	3.5121	2.7324	2.2873	1.6335
2003	6.6603	5.0283	4.1371	3.2580	2.6855	2.2201	1.5162
2004	7.6739	5.8340	4.5684	3.6054	2.9758	2.3732	1.5478
2005	7.0462	5.2792	4.1759	3.3102	2.7029	2.1880	1.3942
2006	6.4011	4.8223	3.9189	3.1172	2.5223	2.0504	1.2944

续表

年份	最低收入户 CR（%）	低收入户 CR（%）	中等偏下收入户 CR（%）	中等收入户 CR（%）	中等偏上收入户 CR（%）	高收入户 CR（%）	最高收入户 CR（%）
2007	5.5409	4.3815	3.6937	3.0834	2.6174	2.0877	1.3966
2008	5.3936	4.3501	3.6246	2.9983	2.5114	1.9572	1.3590
2009	5.4141	4.3326	3.6200	3.0046	2.4461	1.9770	1.4048
2010	5.4028	4.4343	3.7068	3.1171	2.6363	2.1612	1.5502

不同收入等级的 CR 值整体表现为下降趋势。但由于收入等级的不同，各收入层级的 CR 值变动表现特征各异。随着收入层级的提高，同一年中，CR 值表现为稳定下降趋势，最低收入层级的 CR 值可达最高收入层级的 4 倍左右；随着时间的推移，各收入层级也表现为下降趋势，但最低收入（56.49%）、低收入（58.75%）、中等偏下收入（58.44%）三个收入等级的城镇居民的 CR 值下降速度慢于中等收入（58.86%）、中等偏上收入（60.61%）、高收入（64%）和最高收入群体（67.36%）。CR 值下降速度最快的为最高收入群体，最慢的为最低收入群体，随收入水平的提高，其下降速度也不断加快，这主要是由于不同收入群体粮食支出随其收入差距的扩大，导致其占总收入的份额上升。因此，粮食价格波动将导致不同收入群体福利分配的改变。

二　不同收入组城镇居民福利分配效应分析

各收入层级城镇居民福利变化与粮食价格波动具有负相关关系，即价格变动对不同收入层级居民户影响是一致的，价格上涨导致不同收入层级居民户福利损失，价格下降导致不同收入层级居民户福利改善。通过观察表6－5可得，粮食价格波动最低收入户福利变动值最大，其次是低收入户、中等偏下收入户等，依次类推，表明随着粮食价格波动率的增加，低收入者受冲击最大，次之为中等收入者，而高收入者受冲击最小。

这主要是由于城镇低收入者食品消费比例占其总收入的比例较高，粮食价格上涨，意味着实际收入的下降，通过对低价劣质食品的替代效应满足消费者的最低需要。而高收入者由于其本身恩格尔系数就很低，价格波动的应对能力较强，通过改变粮食消费结构很容易就可以抵消涨价对其生活的影响，其选择余地大大高于低收入群体，而且通过实证分析发现，在粮食涨价过程中，低收入者面临的福利损失最大，这是由于低收入者粮食支出远大于高收入者，粮食支出的不平等放大了福利分配的不平等趋势。从另一方面来讲，粮食价格下降，低收入者福利改善效果最明显。因此，政府着力提高城镇最低收入群体的食品补贴，有利于大大缩小城市内部的收入差距，提高居民的整体生活水平。值得注意的是，由于我国的人口结构呈纺锤形，虽然中等收入组受粮食价格波动的影响不如低收入组居民显著，但是，由于其在城镇人口中所占比例较大，因此，整个群体的福利损失就会远远大于低收入群体。

表 6 - 5　　　　不同收入组城镇居民粮食价格波动的短期福利效应

年份	最低收入户	低收入户	中等偏下收入户	中等收入户	中等偏上收入户	高收入户	最高收入户
1995	- 4. 3250	- 3. 8092	- 3. 2659	- 2. 8332	- 2. 4812	- 2. 2144	- 1. 8218
1996	- 0. 9684	- 0. 8320	- 0. 7183	- 0. 6267	- 0. 5528	- 0. 4774	- 0. 4039
1997	0. 6208	0. 5214	0. 4440	0. 3816	0. 3264	0. 2749	0. 2340
1998	0. 0722	0. 0599	0. 0520	0. 0444	0. 0379	0. 0324	0. 0265
1999	0. 1877	0. 1582	0. 1381	0. 1136	0. 0958	0. 0826	0. 0689
2000	0. 7479	0. 6036	0. 5239	0. 4352	0. 3616	0. 3149	0. 2527
2001	- 0. 5564	- 0. 4578	- 0. 3838	- 0. 3252	- 0. 2616	- 0. 2248	- 0. 1816
2002	0. 0550	0. 0423	0. 0305	0. 0269	0. 0209	0. 0175	0. 0125
2003	- 0. 6308	- 0. 4763	- 0. 3918	- 0. 3086	- 0. 2543	- 0. 2103	- 0. 1436
2004	- 2. 5708	- 1. 9545	- 1. 5304	- 1. 2078	- 0. 9969	- 0. 7950	- 0. 5185
2005	- 0. 5363	- 0. 4018	- 0. 3178	- 0. 2519	- 0. 2057	- 0. 1665	- 0. 1061
2006	- 0. 2690	- 0. 2026	- 0. 1647	- 0. 1310	- 0. 1060	- 0. 0862	- 0. 0544
2007	- 0. 5064	- 0. 4005	- 0. 3376	- 0. 2818	- 0. 2392	- 0. 1908	- 0. 1277
2008	- 0. 5580	- 0. 4500	- 0. 3750	- 0. 3102	- 0. 2598	- 0. 2025	- 0. 1406
2009	- 0. 5861	- 0. 4690	- 0. 3919	- 0. 3253	- 0. 2648	- 0. 2140	- 0. 1521
2010	- 0. 6366	- 0. 5225	- 0. 4368	- 0. 3673	- 0. 3106	- 0. 2546	- 0. 1827
2011	- 0. 6096	- 0. 5090	- 0. 4397	- 0. 3781	- 0. 3166	- 0. 2583	- 0. 1926

　　表6-6显示，从长期福利效应变化值来看，1995—2010年，国内粮食价格经历了涨跌起伏交替的过程，城镇居民不同收入组的福利变化也呈现与粮食价格波动相反的变化路径：1997—2002年，粮食价格呈下降趋势，不同收入组城镇居民的福利均得到改善；而2003—2010年，粮食价格呈上涨态势，不同收入组城镇居民福利状况恶化，福利值变动均为负数，这与粮食价格波动引致的短期福利变化类似。虽然整体呈负值，但最低收入户长期福利效应比短期福利效应平均提高13.71%，但与最高收入户提高的14.856%相比，仍然相差8个百分点。其次，低收入户长期福利效应比短期平均提高13.896%，中等偏下收入户提高13.976%，中等收入户提高14.047%，中等偏上收入户提高14.128%，高收入户提高14.365%。因此，粮食价格上涨导致城镇居民福利损失，虽然不同收入群体的长期福利损失均小于短期福利损失，但通过不同收入组的比较分析可以发现，最低收入组长期福利改善能力仍然是所有收入组中最差的，低收

表6-6　　　不同收入组城镇居民粮食价格波动的长期福利效应

年份	最低收入户	低收入户	中等偏下收入户	中等收入户	中等偏上收入户	高收入户	最高收入户
1995	-3.5476	-3.1245	-2.6788	-2.3239	-2.0352	-1.8163	-1.4944
1996	-0.9275	-0.7969	-0.6880	-0.6003	-0.5295	-0.4572	-0.3869
1997	0.6400	0.5376	0.4578	0.3934	0.3365	0.2834	0.2412
1998	0.0725	0.0602	0.0522	0.0446	0.0381	0.0325	0.0266
1999	0.1899	0.1600	0.1397	0.1149	0.0969	0.0836	0.0697
2000	0.7875	0.6355	0.5516	0.4582	0.3807	0.3316	0.2661
2001	-0.5334	-0.4389	-0.3679	-0.3118	-0.2508	-0.2155	-0.1741
2002	0.0552	0.0425	0.0306	0.0270	0.0210	0.0176	0.0125
2003	-0.6023	-0.4547	-0.3741	-0.2946	-0.2429	-0.2008	-0.1371
2004	-2.1600	-1.6421	-1.2859	-1.0148	-0.8376	-0.6680	-0.4357
2005	-0.5168	-0.3872	-0.3063	-0.2428	-0.1982	-0.1605	-0.1023
2006	-0.2636	-0.1986	-0.1614	-0.1284	-0.1039	-0.0844	-0.0533
2007	-0.4843	-0.3830	-0.3229	-0.2695	-0.2288	-0.1825	-0.1221
2008	-0.5304	-0.4278	-0.3565	-0.2949	-0.2470	-0.1925	-0.1336
2009	-0.5559	-0.4448	-0.3717	-0.3085	-0.2511	-0.2030	-0.1442
2010	-0.6008	-0.4931	-0.4122	-0.3466	-0.2932	-0.2403	-0.1724

入城镇居民改变消费组合的能力以非粮食消费替代粮食消费的空间仍然小于中高收入者。

第四节　价格波动对城镇居民福利的冲击效应分析

粮食价格波动导致城镇居民短期福利及长期福利的变动。本部分进一步量化分析粮食价格变动（$\hat{P}$）对居民短期福利（SW）和长期福利（LW）变动的冲击效应。

一　福利效应与粮食价格变动的协整检验

首先对 SW、LW 和 $\hat{P}$ 进行 ADF 单位根检验，检验结果表明，SW、LW 和 $\hat{P}$ 为零阶单整序列的基础上，预示着 SW 和 $\hat{P}$、LW 和 $\hat{P}$ 之间可能存在长期协整关系。进一步采用 Johansen 检验法检验 SW 和 $\hat{P}$、LW 和 $\hat{P}$ 是否存在长期均衡关系。Johansen 检验滞后阶数的确定主要根据 AIC 和 SC 信息准则等 5 个指标进行判断，最终选取最优滞后阶数为 0，即 VAR（0）。在确定的 VAR（0）基础上，对 SW 和 $\hat{P}$、LW 和 $\hat{P}$ 进行协整检验，Johansen 统计量检验结果如表 6-7 所示。

表 6-7　　　　　　　　Johansen 统计量检验结果

	特征值	零假设（H_0）	迹统计量	临界值（5%）	P 值	最大特征根值统计量	临界值（5%）	P 值
短期福利	0.3390	R=0*	18.9191	12.3209	0.0034	12.8340	11.2248	0.0259
	0.1782	R≤1*	6.0851	4.1299	0.0162	6.0851	4.1299	0.0162
长期福利	0.3499	R=0*	19.4382	12.3209	0.0027	13.3486	11.2248	0.0209
	0.1783	R≤1*	6.0896	4.1299	0.0162	6.0896	4.1299	0.0162

Johansen 协整检验迹统计量和最大特征根值统计量检验结果均表明，SW 与 $\hat{P}$、LW 与 $\hat{P}$ 之间均至少存在一个协整关系，具体协整方程估计如下：

（1）短期福利效应与粮食价格变动的协整方程：

$$SW_t = -0.016\hat{P}_t$$

$$(-0.001)$$

$$\log likehood = -86.290 \qquad (6.5)$$

（2）长期福利效应与粮食价格变动的协整方程：

$$LW_t = -0.015\hat{P}_t$$

$$(-0.001)$$

$$\log likehood = -84.959 \qquad (6.6)$$

从方程（6.5）和方程（6.6）可以看出，粮食价格变动对短期福利效应和长期福利效应具有负向影响，即粮食价格变动每增加 10%，就会引起短期福利效应和长期福利效应分别减少 0.16% 和 0.15%，进一步证明了粮食价格变动引致福利负向变化的结论。同时表明粮食价格变动对短期福利效应的影响程度大于对长期福利效应的影响程度。

二 粮价与居民长短期福利的均衡关系

协整方程已表明 SW 与 $\hat{P}$、LW 与 $\hat{P}$ 之间存在长期稳定的均衡关系，这意味着两者之间存在内在的均衡机制，如果粮价和居民福利在某个时期受到干扰后偏离其长期均衡点，则均衡机制将会产生与之相反的作用力，以使其回复至均衡状态。因此，通过建立误差修正模型（ECM）分析粮价上涨与居民长短期福利变动的均衡关系。模型结果如下：

$$\Delta SW_t = -0.014\Delta\hat{P}_t - 0.618ECM1_t$$

$$(-17.745^{***})(-3.818^{***})$$

$$\overline{R}^2 = 0.916 \quad \log likehood = 41.519 \qquad (6.7)$$

$$\Delta LW_t = -0.013\Delta\hat{P}_t - 0.628ECM2_t$$

$$(-17.756^{***})(-3.903^{***})$$

$$\overline{R}^2 = 0.916 \quad \log likehood = 42.825 \qquad (6.8)$$

对 ΔSWt 与 $\Delta\hat{P}t$、ΔLWt 和 $\Delta\hat{P}t$ 的误差修正模型的残差序列进行平稳性检验，得出残差序列在 1% 显著性水平下平稳，说明模型设定较为合理。长期均衡的变动与短期波动是波动的主要来源，而误差项主要表示对变量短期波动的影响。由模型估计结果可知，粮食价格每上涨 10%，将引起城镇居民短期福利和长期福利分别减少 0.14% 和 0.13%，这说明粮食价格波动对居民长短期福利均产生了显著影响。相比较而言，对短期福利的影响更大，即更影响居民当下的生活水平，因此，政府出台及时的粮价补贴及平抑政策非常必要。ECM1$_t$ 和 ECM2$_t$ 反映了误差项对长期均衡的偏离程度，误差修正项的系数分别为 -0.618 和 -0.628，说明城镇居民短期福利和长期福利受到干扰偏离福利均衡状态时，相反方向的作用力会促使其收敛于长期均衡状态，且长期看，其调整力度大于短期调整力度。

三　粮食价格波动的冲击效应分析

脉冲响应函数主要用于衡量随机扰动项的一个标准差大小的冲击对内生变量当前和未来取值的影响。图6-1和图6-2反映了城镇居民短期福利和长期福利对粮食价格变动的响应路径和响应效果。

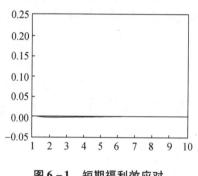 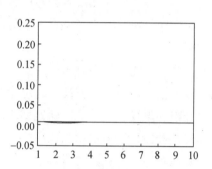

图6-1　短期福利效应对　　　　　　图6-2　长期福利效应对
　　价格波动的响应　　　　　　　　　　价格波动的响应

图6-1和图6-2分别描述了城镇居民短期福利和长期福利对来自粮食价格变动一个标准差大小的新息冲击响应情况。从图中可知，城镇居民短期福利和从长期福利对粮食价格波动的冲击响应为负，即粮食价格变动引致城镇居民短期福利和长期福利的负向变化。说明粮食价格波动导致城镇居民福利恶化。但从长期看，对总福利的变动影响不大，主要是由于随着城镇居民收入的增加，生活质量提高，粮食作为必需消费品，在城镇居民消费总额中所占的比例呈下降趋势。因此，粮食价格波动对城镇居民整体福利的影响较为微弱。

第五节　结论与启示

第一，城镇居民的短期福利变化和长期福利变化与粮食价格变动均存在长期均衡关系。无论短期还是长期，均证明粮食价格变动与福利效应的负向作用关系，即粮食价格上升，导致城镇居民福利效应的损失。因此，政府应考虑建立一种物价指数与生活补贴联动机制，当粮食价格上涨时，通过"指数化"政策对城镇居民福利损失进行补贴。

第二，粮食价格波动具有分配效应。粮食价格上涨导致不同收入等级城镇居民福利效应的恶化。其中，低收入城镇居民所受冲击及影响最大。由于粮食对低收入居民的边际效用较大，导致居民很难在短期内对其形成有效替代。因此，政府应重点关注粮食价格波动中低收入群体的福利状况，建立健全城镇低收入群体的价格补贴机制。根据物价指数上涨幅度，适时启动价格补贴，减小收入差距，以实现城镇不同收入层级主体的福利均衡。

第三，随着我国总体经济实力的不断增加，城镇居民对粮食价格波动的整体承受能力显著增强。这意味着政府可以在保证特殊群体利益基础上放开粮食市场，使其更准确地反映市场供需状况的变化，调动市场各方主体的积极性，平衡粮食生产主体、消费主体及利益相关者各方利益，从而更好地发挥价格杠杆对粮食市场的调节作用。

第七章 粮食价格波动对农村与城镇人口福利变动的影响差异分析

第一节 引言

粮食价格的剧烈波动引起了学者的广泛关注（董智勇和王双进，2013）。随着我国加入世界贸易组织以及对外开放程度的不断扩大，国际粮食危机、市场投机、粮食政治化等因素对我国粮食产业链的传导呈现越来越快的加速趋势，加之频发的自然灾害、生产成本增加、城市化进程提速导致的耕地面积下降等因素，近几年来，粮食等农产品价格持续高位运行，呈现周期性波动、整体攀升趋势。发展中国家的居民对粮食价格上涨最为敏感（郭劲光，2009）。粮食价格作为整体价格水平的"晴雨表"，其微小波动对整体价格水平产生显著影响，进而导致我国经济发展态势的变化。粮食价格上涨极易诱发食品价格上涨，从而引发成本驱动型通货膨胀。郭劲光（2009）经过研究得出低收入人口的粮食消费占其总消费的比重达50%以上。通货膨胀降低了消费者的实际购买力，使得消费者消费结构改变，加大了生活必需品以及低蛋白质食品的购买量。然而也有学者认为粮食价格上涨有利于提高以种植业收入为主的农户收入水平，降低贫困人群落入贫困陷阱的概率，食品价格上涨并不完全是负面作用（Blank，1986；Cutler，1991）。由于城乡分割的二元经济体制，面临粮食价格的剧烈波动，城市居民与农村居民的福利变动呈现不同的变动特点与变化趋势，城镇居民收入水平高于农村居民，然而其作为粮食的净消费者，与生产者和消费者集于一身的农户相比，在粮食价格波动中其福利变动情况如何？如何解决粮价波动中不同主体的福利均衡问题？通过对农村与城镇居民粮食价格波动中福利变动机理的考察，可为国家制定粮食价格调控政策提供决策参考，为实现粮食价格波动中不同主体的利益协调和福利均衡提供理论与实证依据。

国内外学者主要关注价格波动的机理机制、价格与收入、CPI 等关系研究。Woo 和 Wang（2011）利用中国城镇居民调查资料，考察不同收入水平城镇居民恩格尔系数与收入水平间的关系。研究发现，收入水平不同导致恩格尔系数发生变化，这一结论得到了 FAO（2008）的验证，即无论农村还是城镇，处在收入最底层的 20% 居民生活水平受价格波动的影响最显著。Blank 等（1986）认为，粮价上涨导致的成本推动型通胀可以增加城乡居民的收入，从而在一定程度上改善其生活水平。也有分析发现，粮价上涨有利于改善中国的贸易条件，但对不同人群的影响不同，低收入群体受冲击最大；郭劲光（2009）的研究也得出了类似的结论，即城镇贫富分化加剧导致不同群体粮食价格上涨的承受能力也不同。Alwang 对非洲地区的研究发现，由于食品价格上涨使低收入居民消费进入更低层次，孩子辍学补贴家用，或出售固定资产以补贴家用，使生计能力降低。Pieroni 对意大利的研究发现，食品价格上涨促使低收入人群对非健康食品的消费增加，导致这些群体肥胖发生率远大于其他群体。国内学者对粮食价格波动进行了多方面研究。如学者考察了粮食价格、收入变动对居民营养摄入的影响；还有学者按经济发展水平分析东中西部典型城市低收入群体受粮食价格上涨的冲击程度，得出了低收入群体受冲击更大的结论。石敏俊等（2009）从城乡角度考察能源价格与粮食价格上涨对城镇和农村居民的影响，研究发现粮食价格上涨导致城镇居民净收益减少 963 亿元，而农村居民净收益增加 1026 亿元，促使城乡收入差异降低 7.67 个百分点。但张淑萍（2011）的研究发现粮价涨幅低于 10%，不会对城市居民生活造成显著影响。还有学者认为粮食价格的变动对农村居民的影响比城镇居民更大，农村的低收入人口和贫困主体将比城市人口遭受的影响程度更深。对单一品种粮食的分析，邵飞和陆迁（2011）考察了我国作为净购买者和净出售者，玉米价格变化对经济福利分配的影响，结果表明，玉米价格与各主体福利呈反方向变动。此外，学者更进一步从技术进步角度测算了农业技术进步的福利效应，认为技术进步改善了社会福利，但福利在生产者和消费者之间的分配是非均衡的。

现有研究集中于粮价波动的原因、后果、传导机制、价格波动与城乡居民收入、CPI 的关系以及价格波动对粮食安全的影响研究，学者关注到价格波动对不同收入群体的影响不同。然而，采用实证分析方法定量考察粮食价格波动对城镇与农村居民短期及长期福利效应及福利影响效果的研究较为少见。因此，本书考察粮食价格波动对城镇居民与农村居民整体福利效应变动的影响，探讨城镇与农村居民粮食价格波动的福利冲击效应，以期为政府缩小城乡居民收入差距，制定粮食价格调控政策和食品补贴政策、保障城镇居民福利均衡提供理论与实证依据。

第二节　理论模型与数据说明

一　理论模型

学者往往采用成本函数、支付意愿、消费支出函数、收入变化以及补偿变量等方法定量分析价格波动的福利效应。目前，国内学者在此领域研究最常采用的方法是支付意愿法（Willingness to Pay，WTP），主要考察消费者的陈述性意愿支付金额。然而，由于消费者主观认知的消费意愿与实际消费行为常常不一致，往往由于其假设性偏误导致结果的不准确性（Lusk et al.，2003）。收入变化法通过衡量消费者收入的变动来反映消费者福利的变化，但由于其衡量方法较为单一，并不能完全反映相关主体的福利变动。等价收入法（King，1983）主要根据在相同的参考价格和预算约束下，达到相同效用时的收入水平来考察福利的变动。等价收入法对数据的要求较高，需要考察居民户面临的不同消费组合，然而，由于数据可获得性的限制，获得居民户不同消费组合的数据较为困难。补偿变量法（Compensation Variation，CV）主要基于效用思想，采用福利经济学研究思路，将货币引入效用函数，考察价格变动后居民用以弥补效用水平的降低所需要额外支付的资金额。该方法由于衡量的是居民的实际消费，并将研究建立在微观的基础上，不仅为度量价格波动的福利效应提供了一个简便的计算方法，而且为政府制定合理的补贴政策提供了理论基础。鉴于此，本书使用补偿变量法研究粮食价格波动对城乡居民福利变动的影响，Minot 和 Goletti（2000）的福利效应模型主要基于补偿变量法的思想，随着我国市场化改革的不断推进，价格作为反映市场波动"晴雨表"的功能不断完善，因此，Minot 和 Goletti（2000）模型被广泛应用于福利效应的定量分析中。姜雅莉（2012）、张祖庆（2013）、孙小丽（2012）、徐永金和陆迁（2012）、邵飞（2011）等人分别采用 Minot 和 Goletti 模型分析了蔬菜、鸡蛋、玉米价格波动对相关主体福利变动的影响，证明了该模型的可行性与适用性。此外，该模型的另一优点是可以对价格变化的收入效应和支出效应进行分解，从而对居民的福利变化进行深入分析，本书福利效应的测定采用 Minot 和 Goletti 模型，选择经济福利作为衡量居民福利效应的指标。

（一）价格变化的消费福利效应

消费者剩余是指消费者所愿意支付的价格与实际价格的差额，主要反映价格波动对消费者福利的影响。模型如下：

$$CV = e(p_1, u_0) - e(p_0, u_0) \qquad (7.1)$$

模型（7.1）中 CV 表示补偿变量，即消费者支出的变化值，e 表示支出方程，$e(p_0, u_0)$ 表示价格变化前（p_0）的消费者剩余，$e(p_1, u_0)$ 表示价格变化后（p_1）的消费者剩余，其中效用由 u 表示。

将模型（7.1）运用谢泼德（Shepherd）引理，采用二阶泰勒级数展开式推导即得出模型（7.2），x_0 表示基期价格，CR 值指粮食消费支出与总支出之比，Δp^c 指粮食销售价格变化的差值，p_0^c 指价格波动前的销售价格，ε^H 代表粮食希克斯需求弹性。价格变化的消费福利模型如下：

$$\frac{CV}{x_0} \cong CR\frac{\Delta p^c}{p_0^c} + \frac{1}{2}\varepsilon^H CR\left(\frac{\Delta p^c}{p_0^c}\right)^2 \qquad (7.2)$$

粮食希克斯需求弹性 ε^H 估计的公式如下：

$$\varepsilon^H = E + CR \cdot \eta \qquad (7.3)$$

（二）价格变化的生产福利效应

价格变化的生产福利模型可表示为：

$$\frac{\Delta x}{x_0} \cong PR\frac{\Delta p^p}{p_0^p} + \frac{1}{2}\varepsilon^s PR\left(\frac{\Delta p^p}{p_0^p}\right)^2 \qquad (7.4)$$

Δx 表示收入的变化，PR 指生产粮食的价值占总收入的百分比，Δp^p 是生产价格变化的差值，p_0^p 是指价格波动前的生产价格，ε^s 代表粮食供给的自价格弹性。

价格变化的长期福利效应模型是消费者福利模型（7.2）与生产者福利模型（7.4）的总和：

$$\frac{\Delta w^2}{x_0} \cong PR\frac{\Delta p^p}{p_0^p} + \frac{1}{2}\varepsilon^s PR\left(\frac{\Delta p^p}{p_0^p}\right)^2 - CR\frac{\Delta p^c}{p_0^c} - \frac{1}{2}\varepsilon^H CR\left(\frac{\Delta p^c}{p_0^c}\right)^2 \qquad (7.5)$$

其中，$\Delta w^2(=\Delta x - CV)$ 是净福利效应的二阶近似取值。当 $\varepsilon_c^s = 0$ 且 $\varepsilon_c^H = 0$ 时，模型（7.5）反映了价格变化的短期福利效应：

$$\frac{\Delta w^1}{x_0} \cong PR\frac{\Delta p^p}{p_0^p} - CR\frac{\Delta p^c}{p_0^c} \tag{7.6}$$

式中，Δw^1 表示净福利效应的一阶近似取值。

二　数据来源

本书使用 1995—2011 年统计数据测算、分析居民的福利变动。粮食价格福利测算中农村居民人均粮食出售量、农村居民人均纯收入、农村居民家庭平均每人粮食消费量、城镇居民家庭人均购买粮食数量数据来自国家统计局网站；我国城镇居民家庭人均年消费性支出、农村居民家庭人均年消费性支出数据来自中国经济与社会发展统计数据库；粮食生产价格、粮食销售价格数据借鉴徐永金和陆迁（2012）的计算结果。

第三节　主要参数估计

粮食价格波动中城镇居民与农村居民福利效应的估计参数主要包括：（1）粮食供给的自价格弹性（ε^s）；（2）粮食希克斯需求弹性（ε^H）和收入弹性估计（η）；（3）PR 值（粮食产值占总收入的比重）、CR 值（粮食消费值占总收入的比重）以及 NBR 值（粮食净收益率）。

一　粮食供给价格弹性估计

对粮食供给价格弹性的估计，王德文和黄季焜（2001）基于价格预期理论、边际理论和局部调整模型，分别考察双轨制下三种不同的供给反应模型。研究发现，定购价格对粮食产出的边际影响在 0.104 左右。张治华和袁荣（2007）利用 1978—2000 年的生产及价格数据采用回归方程计算我国粮食供给价格弹性系数为 0.730，韩晓龙等（2007）则利用蛛网模型分析了 1988—2000 年各年的粮食供给价格弹性，发现粮食供给价格弹性的绝对值一般大于 1，罗锋（2009）运用 Nerlove 供给反应模型采用1978—2007 年粮食价格和粮食播种面积的年度数据，考察了粮食供应对价格的响应程度，结果显示：短期供给弹性系数为 0.052，长期供给弹性系数为 0.115。李光泗等（2010）采用局部调整模型分析了 1978—2007年年度粮食价格数据，得出粮食生产价格的短期弹性系数为 0.208，苗珊珊（2014）构建双对数模型测算 1978—2011 年粮食供给弹性系数为 0.071，考虑到苗珊珊（2014）的分析结果其时间跨度与研究对象与本书一致，故借鉴苗珊珊的分析结果。

二 粮食需求价格弹性和收入价格弹性的估计

黄季焜和 Rozelle（1996）估算了粮食的需求收入弹性为 0.25。Halbrendt 和 Gempesaw（1994）估计广东省的粮食需求弹性为 -0.233，支出弹性为 0.575。高凡（2005）分阶段考察了农村和城镇居民的粮食需求收入弹性和价格弹性，并对比分析了城乡居民的直接粮食消费与间接粮食消费弹性，其结论为农村的价格弹性和收入弹性分别为 -0.140 和 0.019，城市的分别为 -0.610 和 -0.014。刘华和钟甫宁（2009）利用 1986—2002 年的城镇居民微观调查数据考察食物消费行为，并运用 Engel 模型、Working - Leser 模型和 LA/AIDS 模型估算各类食物的需求收入弹性和需求价格弹性发现，大米和面粉类食物的需求收入弹性基本稳定在 0.200—0.300 之间。张玉梅等（2012）利用 1985—2009 年的省级面板数据，运用二次型 QUAIDS 模型估算粮食、食用油、肉类、蛋类、水产品和蔬菜 6 种食物的消费支出弹性和需求价格弹性，农村居民粮食消费支出弹性为 0.290（1985—1990 年）、0.400（1991—2000 年）和 0.200（2001—2009 年），马歇尔需求价格弹性为 -0.020，希克斯需求价格弹性为 0.100。王志刚和许前军（2012）采用 LA/AIDS 模型分析了食品消费结构转变前后的需求价格弹性及支出弹性，研究发现，粮食需求价格弹性从未考虑结构转变因素的 0.420 下降至考虑结构转变因素的 0.290。范垄基等（2012）依据 2001—2010 年我国稻谷、小麦和玉米三种主要粮食作物主产省份的播种面积和价格数据，分别测算了三种粮食作物播种面积对价格的弹性值。梁凡等（2013）采用 AIDS 模型分析了 1995—2011 年不同收入组城镇居民需求收入弹性及马歇尔和希克斯价格弹性，结果显示，由低层到高收入组的粮食需求收入弹性平均值分别为 0.767、0.527 和 0.280。对低收入组来讲，其马歇尔和希克斯价格弹性均值分别为 -0.878 和 -0.726，低于 1，而中、高收入组均大于 1。同样，鉴于梁凡等（2013）的研究结果时间跨度大，研究方法较为先进，计算结果更为精确可信，本书采用其分析结果，因此，1995—2011 年的粮食需求收入弹性和粮食希克斯需求弹性采用梁凡（2013）研究结果的均值，即 0.525 和 0.954。

三　CR 与 PR 值估计

根据前文定义，CR 值是所消费粮食价值占总支出的百分比，反映居民粮食消费占其总消费的百分比。PR 值为生产粮食的产值占总收入的比重，即农户粮食生产收入占其总收入的百分比。NBR 值主要考察居民净收益率的变动情况，是 PR 值与 CR 值之差。如果 NBR 值大于零，说明居民在粮食生产过程中属于净出售者；而当 NBR 小于零时，说明居民在粮食消费过程中属于净购买者。NBR 值实质上反映了不同利益群体在粮食市场中的地位与收益率变化情况。1995—2011 年农村与城镇居民粮食生产与消费占其收入比重 CR 值与 PR 值的变化情况如表 7－1 所示。由于城镇居民是粮食的净消费者，本书只计算 CR 值。

表 7－1　　　　　农村与城镇居民 PR 值与 CR 值变化情况　　　　单位:%

年份	城镇		农村	
	CR 值	PR 值	CR 值	NBR 值
1995	7. 143	23. 661	19. 777	3. 884
1996	6. 928	25. 571	18. 581	6. 990
1997	6. 175	23. 328	15. 859	7. 469
1998	5. 241	22. 826	15. 834	6. 992
1999	4. 667	21. 245	15. 417	5. 828
2000	3. 744	20. 802	12. 879	7. 923
2001	3. 705	22. 320	13. 066	9. 254
2002	3. 158	21. 342	12. 269	9. 073
2003	2. 982	22. 113	11. 865	10. 248
2004	3. 316	27. 223	14. 161	13. 062
2005	3. 049	24. 194	12. 392	11. 802
2006	2. 835	23. 166	11. 614	11. 552
2007	2. 784	22. 673	11. 004	11. 669
2008	2. 919	21. 246	10. 526	10. 720
2009	2. 726	20. 087	10. 214	9. 873
2010	2. 862	21. 328	10. 192	11. 136
2011	2. 886	21. 308	9. 073	12. 235

第一，农村居民的 CR 值总体变化趋势表现为曲折递减过程，且逐渐平缓。CR 值的总体变化过程反映出粮食消费在农户支出中所占比例不断降低趋势。其主要原因是农村居民收入的增加以及消费的多元化。PR 值呈现频繁波动中持续下降的趋势，与 CR 值具有相似的变化趋势。PR 值的降低反映出粮食生产收入占农民收入比重的降低。这主要是由于两个方面的原因：一是随着我国农村改革力度的不断加大，农户的收入水平持续提高；二是城市化进程中农村劳动力大量转移到非农产业，且农业尤其是种植业的投入大而受益相对较低，导致农民投资额不断减少，PR 值降低。PR 值的频繁波动也显示出这种变化的不平稳性，从侧面反映出农民对种粮收入一定程度的依赖性。

第二，农村居民粮食生产净收益率主要用以衡量粮食生产的利润率，是粮食生产的核心问题。1995—2011 年，粮食生产净收益率一直为正数且整体呈波动上升态势，说明农户作为粮食生产者种粮收益增加，2004年以后 NBR 值的回落反映出粮食种植的比较优势逐渐下降。

第三，由于城镇居民是粮食的净消费者，因此，只计算了 CR 值。表 7 - 1 显示，粮食支出占城镇居民支出的比例呈稳定下降趋势，这表明随着经济发展水平的不断提高，城镇居民的可支配收入不断增加，根据恩格尔定律，粮食作为基本生活必需品的属性，粮食消费比重呈下降趋势；其次，随着城镇居民消费结构的改变，消费水平的提高，粮食消费量被其他蛋白质含量更高的消费品所代替，使其占总消费比重逐年递减。

第四节　实证结果与分析

粮食价格波动对城乡居民福利状况的影响并不相同。农户既是粮食生产者，也是粮食消费者，因此，价格变动的农户福利效应既包括生产福利效应，也包括消费福利效应。而城镇居民主要是粮食的消费者，因此，其总福利效应主要指消费福利效应。利用得到的参数估计值，计算粮食价格波动对城镇与农村居民长期福利和短期福利变动的影响程度，结果如表7 - 2所示。

表7-2　　　　　　　城镇居民与农村居民短期与长期福利比较　　　　单位:%

年份	生产价格变化	销售价格变化	城镇居民福利		农村居民福利	
			短期福利变化	长期福利变化	短期福利变化	长期福利变化
1995	31.388	37.679	-2.691	-2.208	-0.025	0.657
1996	16.692	8.845	-0.613	-0.587	2.625	2.681
1997	4.199	-6.501	0.401	0.414	2.011	2.026
1998	-3.275	-0.818	0.043	0.043	-0.618	-0.617
1999	-4.948	-2.371	0.111	0.112	-0.686	-0.682
2000	10.000	-11.088	0.415	0.437	3.508	3.549
2001	10.959	8.670	-0.32	-0.308	1.313	1.344
2002	-3.143	-0.765	0.024	0.024	-0.577	-0.576
2003	14.948	9.471	-0.282	-0.270	2.182	2.222
2004	21.673	33.501	-1.111	-0.933	1.156	1.541
2005	-5.385	7.611	-0.232	-0.224	-2.246	-2.228
2006	-0.613	4.202	-0.119	-0.117	-0.630	-0.626
2007	7.665	9.140	-0.254	-0.243	0.732	0.757
2008	2.046	10.345	-0.302	-0.287	-0.654	-0.630
2009	-0.642	10.826	-0.295	-0.280	-1.235	-1.209
2010	12.833	11.782	-0.337	-0.318	1.536	1.579
2011	9.728	12.207	-0.352	-0.332	0.965	1.001

首先，农村居民与城镇居民长短期福利变化对比分析表明，在生产价格、消费价格同等幅度变化的情况下，农户福利变动受生产福利与消费福利变动的综合影响，城镇居民主要受消费福利的影响。通过加总历年生产价格波动求平均值，再与城镇及农村居民长短期福利变化平均值之比可以得出，粮食价格波动的福利分配效应使城镇居民成为粮食价格波动中福利损失的主体，粮食生产价格平均每提高10%，城镇居民短期福利减少3.48%，长期福利减少2.99%；而农村居民则由于粮食价格上涨福利增加，即粮食价格平均每提高10%，农村居民短期福利增加5.50%，长期福利增加6.35%。城乡居民福利分配的非均衡性主要是由价格波动的替代效应和收入效应导致的。价格上涨时，绝大多数农村居民粮食或食品消费能够自我生产、自我满足，因此，其效用或福利水平通过自我生产得以

抵偿，粮食价格上涨收入效应大大提高并改善了农户福利。而城镇居民作为纯消费者，面临粮食价格的剧烈波动，其应对能力受收入、替代品价格、消费结构等因素影响。对城镇中低收入群体而言，由于其可支配收入少、储备水平低，受价格波动的影响，其脆弱性则成倍放大。农村居民与城镇居民粮食价格波动福利变动的差异本质上是基于持久收入假说这一消费理论，居民为保证终生福利效用最大化，作为风险规避者其对价格平稳性的倾向大于波动性倾向，加之农村社会保障系统的缺失，面临市场风险农户所拥有的土地以及农户间的社会资本承担了相应的社会保障功能，在粮食价格波动中农村居民的福利变动成本低于城镇居民的福利成本。其次，农村居民的资产流动性大大弱于城镇居民，农村居民为保障效用最大化，往往采取跨期消费策略，而由于粮食消费的刚性，城镇居民往往无法采用相应的方法降低福利的波动率，从而导致城镇居民的福利损失高于农村居民。

其次，福利变化率与价格波动率呈正相关关系，即价格波动越剧烈，居民的长短期福利变化率越大。这证实了"粮食价格波动—价格指数波动—生产消费行为变动—利益主体福利变化"这一链条作用机制的存在。国家统计局的资料显示，我国食品消费占比 CPI 比重最高（31.79%），以粮食价格为基础的食品价格波动对城镇居民的消费冲击更大。由表7-3可知，粮食销售价格对城镇居民的福利水平变化起到相反的作用。粮食销售价格下降，城镇居民福利变化率为正值，福利状况改善，居民长期福利优于短期福利；与之相反，粮食销售价格上涨，城镇居民福利恶化，居民长期福利损失高于短期福利损失。粮价波动的长期福利效应与短期相比，得到改善。由于粮食产量增长的有限性，粮食价格上涨引发 CPI 上涨（孙小丽，2012；方志红，2013），导致居民实际购买力水平下降。郭劲光（2009）的研究也发现粮食价格波动将增加城镇人口落入贫困陷阱的概率。

再次，农户总福利效应变动主要由粮食价格变化引起农户收入与消费支出变化的相对值决定（见表7-3）。当粮食价格变动引起农户收入大于粮食消费支出变化时，农户福利得到改善；反之，福利状况恶化，如1995年和2008年。此外，PR 值与 CR 值的变动也将导致农户总福利的变动。粮食生产过程中，农户处于净出售者地位，粮食生产价格波动的长短期生产福利效应所受影响一致，均表现出明显的正相关关系。粮食生产价格上涨,则福利变化值增加,农户福利改善。粮食消费价格变动与消费福利呈负相关关系,即粮食消费价格上涨,居民的消费福利降低。总体而言,除个别年份外,生产价格变动的符号与农户福利变化一致,反映出农户作为生产者的主体地位,福利变动受生产价格波动的影响更大。长期中,农户总福利变动取决于粮食供需价格弹性,这主要是由于粮食价格的供给弹性和需求弹性都非常低,且粮食供给价格弹性的绝对值小于需求弹性绝对值。

表7-3　　　　　　　农村居民福利效应的测算与分解　　　　单位:%

年份	生产价格变化	短期生产福利变化	长期生产福利变化	销售价格变化	短期消费福利变化	长期消费福利变化	短期福利变化	长期福利变化
1995	31. 388	7. 427	7. 510	37. 679	- 7. 452	- 6. 852	- 0. 025	0. 657
1996	16. 692	4. 268	4. 294	8. 845	- 1. 643	- 1. 612	2. 625	2. 681
1997	4. 199	0. 980	0. 981	- 6. 501	1. 031	1. 045	2. 011	2. 026
1998	- 3. 275	- 0. 747	- 0. 747	- 0. 818	0. 130	0. 130	- 0. 618	- 0. 617
1999	- 4. 948	- 1. 051	- 1. 049	- 2. 371	0. 366	0. 367	- 0. 686	- 0. 682
2000	10. 000	2. 080	2. 088	- 11. 088	1. 428	1. 462	3. 508	3. 549
2001	10. 959	2. 446	2. 456	8. 670	- 1. 133	- 1. 112	1. 313	1. 344
2002	- 3. 143	- 0. 671	- 0. 670	- 0. 765	0. 094	0. 094	- 0. 577	- 0. 576
2003	14. 948	3. 305	3. 323	9. 471	- 1. 124	- 1. 101	2. 182	2. 222
2004	21. 673	5. 900	5. 946	33. 501	- 4. 744	- 4. 405	1. 156	1. 541
2005	- 5. 385	- 1. 303	- 1. 300	7. 611	- 0. 943	- 0. 928	- 2. 246	- 2. 228
2006	- 0. 613	- 0. 142	- 0. 142	4. 202	- 0. 488	- 0. 484	- 0. 630	- 0. 626
2007	7. 665	1. 738	1. 743	9. 140	- 1. 006	- 0. 986	0. 732	0. 757
2008	2. 046	0. 435	0. 435	10. 345	- 1. 089	- 1. 065	- 0. 654	- 0. 630
2009	- 0. 642	- 0. 129	- 0. 129	10. 826	- 1. 106	- 1. 080	- 1. 235	- 1. 209
2010	12. 833	2. 737	2. 750	11. 782	- 1. 201	- 1. 171	1. 536	1. 579
2011	9. 728	2. 073	2. 080	12. 207	- 1. 108	- 1. 079	0. 965	1. 001

最后,表7-2反映出无论是农村居民还是城镇居民,其长期效应均优于短期效应,意味着长期条件下城乡居民能够通过调整粮食产量或消费量来应对粮食价格的波动,使自身福利得到改善,反映出我国粮食产业市场化程度不断提高,价格变化成为居民调节生产与消费行为的杠杆。但不

可否认的是，农业生产受自然与经济再生产的共同影响，农产品价格的波动是自然、经济与社会因素共同作用的结果。由于不同因素的交互作用导致价格波动短期内放大效应特别显著。由于信息壁垒的存在，农业生产资料的专用性以及农业生产的季节性等特点，导致农户短期内难以进行适应性调整。而从分析结果也可以看出，城镇居民的自我调整能力更强，其收入结构更为合理，农村居民长短期福利的变化率为 0.116，而城镇居民为 0.097，反映出面对价格波动等经济现象，总体而言，城镇居民具有更好的适应能力。

第五节　结论与政策建议

第一，粮食价格波动具有福利分配效应，且这种分配具有非均衡性。粮食价格上涨有利于拥有土地且作为粮食净出售者农村居民福利的增加，而城镇居民或粮食的净消费者福利减少；粮食价格波动具有降低城乡收入差距的作用，然而这种作用机制是以居民福利损失为代价的，尤其是城镇居民中的低收入群体，反映出低收入者的人均福利对价格变化更为敏感。因此，政府应建立健全低收入群体的价格补贴机制，实行目标价格补贴，政府确定一个目标价格，按市场价收购粮食。然后，对目标价与市场价的差价给予补贴：当市场价格高于目标价格时，政府补贴城镇低收入者；反之，政府补贴作为生产者的农民，以增强相关主体抵御价格波动风险的能力。

第二，粮食价格波动导致城乡居民福利差异是由不同收入层级居民的购买力以及消费结构不同导致的。面对粮食价格波动，城乡市场间存在的信息壁垒，以及农业生产的季节性特点，导致农村中的低收入群体和贫困人口受冲击和影响的程度比城镇相应人口更深。因此，应着力提高低收入群体的收入水平，增加贫困居民的购买力。在此基础上，改变居民的消费结构，降低粮价波动对居民福利的负面影响。此外，研究发现居民作为理性人在追求效用最大化过程中能够对粮食价格波动做出适应性调整，粮食价格波动的长期福利效应优于短期福利效应即反映了居民通过收入效应和替代效应能够在一定程度上弥补由于价格波动导致的福利损失。

第三，解决粮食价格波动的福利差异问题，本质上要求完善市场价格形成机制，稳定粮食供求关系和减少价格波动与突变，然而，粮食作为一种自然再生产和经济再生产相互交织的产业，由于市场信号影响的滞后性以及时间分布的集中性，导致农户依据价格变动从而调整生产决策的供给反应较为迟钝和滞后。因此，政府应利用多种政策手段，通过综合发挥市场的基础性作用和政府的宏观调控作用，促进优化粮食供需结构，增强粮食安全的综合保障能力。

第八章 粮食价格波动中的农户行为响应：粮农生产决策行为影响因素分析

第一节 引言

粮食作为社会安定和国家发展的重要基础，近年来，随着经济增长步伐的加快，人民收入水平不断提高，主食在人们的膳食结构中所占比重不断下降，加之粮食生产的比较效益低，资本、劳动力、土地等生产要素流动到收益较高的生产活动中，导致粮食生产发展动力不足，粮食供给问题成为我国政府决策的难点和工作重心。政策制定者期望通过运用价格等政策工具对粮食生产和供给产生积极影响，实现既定政策目标。农户作为拥有自主经营权的粮食生产主体，粮食价格政策的任何微小变动都将影响农民的种植决策。农业价格政策对增加农产品产量和农民收入起到关键作用。农户种植决策主要按照效用最大化的目标来安排农业生产，粮食价格与收益率无疑都是影响效用的重要因素，但是，因缺乏比较全面的定量分析，现有研究未能回答下述关键性问题：在种粮成本、粮食价格、粮食单产纯收益及其他农产品单产纯收益这些影响粮农种植决策因素中，尤其是粮食价格与粮食单产纯收益作为政策机制发挥作用相对容易的两个主要领域，到底哪个是影响粮农种植决策最为关键的因素？到底应选取哪个作为突破口？即提高粮价、控制成本、提升单产和改变种植结构四者中，应选取哪个作为改变粮农生产决策行为的关键政策手段？由于目前已有的研究多为对粮食产量与价格关系的考察（张治华，2007；罗锋，2009；王莉，2010），且均使用粮食生产成本收益的当年价格数据（曾福生等，2011），年度之间数据缺乏可比性，不能充分反映粮农的种粮决策行为特征，使研究结论的可靠性欠佳。供给反应作为深入探析价格机制发挥作用的基础，其反映外部经济变量的变动对农业部门的影响。因此，深入分析粮农种植决策的影响因素，可为政府制定有针对性的价格政策提供理论依据，对于促进粮食生产发展无疑具有重要的意义。

第二节　文献回顾

西方理论界对农户行为的研究主要分为组织生产学派、理性小农学派以及历史学派。早期对粮食生产决策研究主要集中在传统农业中农户对价格反应是否敏感争论上，学术界存在两种截然相反的观点，一种观点认为，农民对粮食价格反应并不理性，其中以 Lipton（1968）、Schluter 和 Mouni（1976）的研究为代表，认为传统农业中的农民对粮食等农产品价格反应并不敏感，农民为规避风险不愿去追求高收入。另一种观点认为，传统农业中的农民生产行为是理性的。农民会根据粮食价格波动来调整其种植面积和总产量，其中，以舒尔茨和速水佑次郎等研究为代表。许多学者曾基于农户的理性假设对粮食的生产反应进行研究，但由于农民生产决策的复杂性，很难掌握决定生产的所有因素和决策过程，所以，一般把价格预期作为影响农民生产决策最主要的因素。Nerlove（1958）运用预期价格对美国粮食等农业生产变动的实证研究做出了开创性的工作，认为农民不会进行突然的大幅度粮食生产调整，而是根据新的预期价格进行局部调整。Behrman（1977）基于 Nerlove 价格预期模型对 1937—1963 年泰国 50 个省份水稻和玉米等粮食播种面积变动所做的实证分析结果显示，农民对价格变动的反应总体上是正向的，但不同粮食作物及不同省份农民价格反应是不一致的。在研究中，为了更好地模拟农民的生产决策反应，Nowshirvani（1968）研究了 1952—1964 年印度 41 个地区水稻、小麦、大麦、糖料和花生播种面积对价格波动的反应，增加了产量方差和生活费用变动变量。Askari 和 Cummings（1977）做了更为广泛的工作，他通过大量对 1977 年前关于在一定时期内粮食等农产品供给对价格反应的文献调查发现，绝大多数发达国家和发展中国家粮食生产对价格是有反应的，并且各不相同，其中对大米的研究涉及 8 个国家如埃及、日本等，除日本价格反应弹性为零，其余国家均为正数。因此，学术界普遍认为，农户行为是理性的。

在中国，农村资源要素结构的独特性决定了中国农户行为的特殊性。但农户都在追求依据自身价值观而产生的"效用最大化"，而农户价值观又与特定因素有关，是包括自然、经济、社会、文化等各方面因素的综合（朱艳，2005）。有的学者将影响农户行为的一般因素定义为产品、兼业、资产、土地和市场因素（洪民荣，1997）。而有些学者通过对农民行为的特点和影响因素进行分析，认为影响农户经济行为的因素是多方面的，包括农产品的价格、风险、资源、政策等（林海，2003）。韩耀（1995）从农户在生产经营活动中所表现出来的组织行为与一般厂商的相似之处和有别于一般厂商而表现出自身的特征研究中国农户生产行为，并从经济因素和非经济因素两方面来进行影响农户生产行为的因素分析。一般来说，农户经济行为与农户家庭生产结构、家庭规模以及户主文化程度有密切关系。农户作为理性的生产与经营单元能根据其经营环境做出最优选择。事实上，技术进步、水利投资、价格政策、资源条件和自然灾害以及宏观因素是农户决策的主要外部环境因素，而生产成本、劳动力与耕地、机会成本是农户决策的内部环境。学者的研究主要集中在粮食价格、生产收益以及政策因素对粮农种植决策的影响上。早期的研究中，学者主要采用不同方法考察订购价格对粮食生产决策的影响。如王德文等（2001）利用边际理论、局部调整模型和价格预期理论，针对学术界有争议的粮食订购价格和数量是否影响粮食供给，建立了双轨制度下三种不同的供给反应模型。目前对粮食供给反应的研究，更多地集中在单一粮食作物的研究上，如马文杰等（2009）依据1981—2006年中国小麦播种面积、价格和生产成本的时间序列数据，测算了短期内我国小麦播种面积对价格和生产成本的反应程度。对玉米供给反应的研究，王宏等（2010）依据1988—2006年中国玉米播种面积和价格时间序列数据，测算了我国玉米播种面积对价格的反应程度。邵飞等（2011）的研究则针对我国玉米生产区域差异较大的特点，把全国分为三个玉米生产区域，构建了玉米单产和玉米种植面积供给反应模型，进而对我国玉米供给反应进行研究，并测算了我国玉米供给的面积弹性和单产弹性。王莉（2010）采用全国固定观察点农户调查数据分析了农户粮食种植面积与粮价之间的关系，认为农户粮食种植面积变化与粮价波动相关，同时不同地区相关程度存在差异，得出当前农户种粮自价格弹性较小的结论。

关于粮食生产收益，有学者分析了生产资料价格对农户种植决策的影响发现，生产资料价格对农户支出的影响呈扩大趋势，导致农户种粮意愿下降（陈汉圣、吕涛，1997）。大量有关粮食成本收益分析的文献也表明，生产资料价格和劳动力价格的不断上涨是影响粮食生产收益的重要因素，粮食生产成本是影响农户生产决策的重要因素（蒋远胜等，2007；王志刚等，2010）。而降低生产成本的关键在于控制农业生产资料价格过快上涨（王薇薇、王雅鹏，2008）。万劲松（2002）分析了不同类型成本变化对农户粮食生产决策行为的影响，认为由排灌费、机械作业费、雇工费用、流转地租金以及化肥、种子、农药等投入构成的现金成本，对农户粮食生产决策的影响最为敏感；同时认为，粮食生产总成本是农户决策过程中预期粮食价格及进行粮食生产决策的底线，而且推动总成本上升的因素主要是劳动力机会成本、排灌费以及化肥和种子价格；粮食比较成本是农户调整种植结构的主要依据，而且与油料、棉花、烤烟等大田作物相比，粮食生产的效益仍然最低；决定农户种粮积极性的主要因素，不是粮食生产成本的绝对水平，不是粮食价格高出粮食生产成本的差额，也不是单位面积粮食生产或单位粮食产量能够得到的绝对收益，而是粮食生产带来的各种总收入满足农民家庭生活需要的程度。此外，还有一部分学者分析了政策性因素对粮食生产决策的影响（刘爱民、徐丽明，2002），指出，粮食直接补贴政策具有降低农户粮作经营制度成本、增加其制度收益的双重功效（张建杰，2007；翁贞林等，2010），但因直接补贴水平低或生产资料价格上涨等原因，其作用有限。

　　从以上分析可以看出，对粮食生产决策及供给反应的研究，学者们比较全面地研究了粮食生产各种因素，如价格、单产、成本收益、政策等对种植决策的影响，然而对影响粮农种植决策目标的关键因素粮食价格及粮食单产纯收益却缺乏深入的比较分析，而且已有研究大多侧重于单一品种和单一作物的弹性分析，有些由于时间久远或政策变动，得出的弹性估计值差异较大。当前，我国正处在经济增长模式转型和经济结构调整加快推进过程，粮食生产和消费的影响因素不断发生变化，新趋势和新的因素不断形成。因此，直观地了解中国粮食整体情况，准确把握粮农的种植决策，全面掌握主要粮食作物的长短期供给弹性，为政府政策着力点的制定实施，实现中国粮食总供给、满足自身需求提供必要的信息。

　　本书采用 Nerlove 供给反应模型，分析粮食生产决策的主要影响因素，深入探究粮农对粮食价格及粮食单产纯收益变化的反应灵敏程度，通过估算粮食作物的价格与收益系数，深入分析粮农对不同粮食作物种植决策的影响因素，了解中国三大粮食作物供给市场的有效程度和市场机制。

第三节　模型设定、研究假设与数据来源

一　理论模型及假说

Nerlove 模型是进行供给反应研究的经典模型之一。其假定农户根据预期价格和面积对外部刺激做出反应，同时考虑适应性预期与局部调整理论两方面的特征。由于现实中，实际产量与农户预期的产量有很大的区别，虽然中国长期以来对粮食生产采取积极激励措施，并不像许多发达国家对耕地采取轮休制度，但因受到人均耕地面积和总面积的限制，农业生产者只能在有限的耕地面积上选择种植不同的农作物。近些年来，许多学者通过研究认为农业是多投入与多产出产业，土地在不同农作物之间的分配是农户对不同农作物品种供给的反应。采用粮食实际播种面积可以消除因同质耕地种植异类农作物而对农产品生产资料需求不同的影响因素，将会比用粮食产量指标更能反映生产者的生产行为（吴江等，2010）。因此，采用播种面积作为因变量。为保证残差项服从正态分布，对涉及的各个变量进行对数化处理。影响粮食种植面积的因素包括上一年粮食种植面积、时间序列趋势（以 1978 年为 1，它反映了注入技术进步、政策制定、气候变迁、自然灾害和生产要素价格对供给曲线位置移动产生影响的指标）、历年粮食价格或者历年粮食单产纯收益、历年粮食单产直接生产费用或者其他农作物单产纯收益。为测算粮农对价格与单产纯收益的反应程度，本书设定如下两个粮食供给反应模型：

$$\ln A_t = a_0 + a_1 \ln P_{t-1} + a_2 \ln A_{t-1} + a_3 \ln C_t + a_4 T + u_t \tag{8.1}$$

$$\ln A_t = b_0 + b_1 \ln R_{t-1} + b_2 \ln A_{t-1} + b_3 \ln C_{t-1} + b_4 T + v_t \tag{8.2}$$

其中，A_t 和 A_{t-1} 分别表示粮食当期和滞后一期的种植面积；P_{t-1} 表示粮食滞后一期的价格；T 表示时间序列趋势；R_{t-1} 表示粮食滞后一期单产纯收益；C_t 表示粮食生产的直接费用，C_{t-1} 表示粮食滞后一期其他农产品单产纯收益，即种植粮食的机会成本；u_t 和 v_t 表示随机误差。设定 $\overline{P}$ 和 $\overline{A}$ 分别为根据历史数据计算的价格和面积的平均值，就可以得到短期供给价

格弹性为 b_1 和长期供给价格弹性为 $\dfrac{b_1}{1-b_2-b_3}$，预期系数为 $1-b_2-b_3$。

根据经典经济学理论，追求收益最大化是理性人行为决策的根本动机。Ajzen 和 Madden（1986）认为，行为目标是对行为最好的预见。人们有能力考虑将来，他们的行为受目标导向，并能够自我激励（Binswanger，1980）。Willock 等（1999）通过研究农民种植行为决策认为，行为目标是决定农户种植行为的中介变量。农户生产决策行为的主要目标是追求收益最大化（刘克春，2007）。农户粮食种植品种的选择、种植多大规模，主要取决于农户收入预期，粮食的价格越高，种植面积越大，单产纯收益越高，则农户进行粮食生产的收入预期增加，农户倾向于扩大粮食种植面积。因此，追求种植收益最大化是决定农户是否扩大粮食种植面积和扩大多少种植面积的一个中介变量，即农户做出粮食种植决策主要是基于对未来收入的预期。当农户粮食生产的收入预期增加时，其扩大种植面积的可能性越大，扩大的种植面积也越大。基于此，本书提出假说1。

假说1：粮食价格越高，则越倾向于扩大粮食种植面积，扩大的粮食种植面积也越大；农户粮食生产的预期纯收益越高，则越倾向于扩大粮食种植面积，扩大的粮食种植面积也越大；粮食生产纯收益与粮食价格是决定粮食种植面积的中介变量。

现有研究认为，农业种植收益率、农产品价格、农业种植结构这三个因素是影响农民收入的主要因素（温铁军，2001；韩俊，2001），粮农生产决策主要依据上述因素进行选择和权衡。近年来，随着农资价格的急速上升，对农户每亩粮食生产的投入影响较大，从而导致粮食单产收益的剧烈变动。而农产品价格方面，由于国家保证粮食安全与农民增收的政策考量，短期内，粮食价格的变化是非常缓慢的，粮农更倾向于以粮食价格（以及不同农作物价格变动引致的种植结构的调整）来作为其种植决策的主要考虑因素。基于上述判断，本书提出假说2。

假说2：粮农的生产决策主要由粮食单产收益、粮食价格以及种植结构（三大粮食作物以及其他农作物之间的选择）决定，粮农对粮食价格更为敏感，即在相同条件下，粮农更多地以粮食价格信号作为生产决策的标准，粮食价格越高，越倾向于扩大粮食种植面积，扩大的种植面积也越大。

二　数据来源

本书利用 1978—2008 年统计数据来考察影响农户种植决策的因素。

估计模型使用的粮食总产量、播种面积、粮食单位面积纯收益和其他农产品单位面积纯收益均来自历年《中国农村统计年鉴》，各种粮食作物价格来自历年的《中国农业发展报告》；单产直接生产费用、生产资料价格和其他价格指数来自历年《全国农产品成本收益资料汇编》。

第四节　实证分析

以粮食种植面积作为因变量来构造供给反应模型，分析影响农户粮食种植面积的因素包括上一年粮食种植面积、时间序列趋势、历年粮食价格或者历年粮食单产纯收益、历年粮食单产直接生产费用或者其他农作物单产纯收益。分别以滞后一期粮食价格作为自变量构建模型 1，以滞后一期粮食单产纯收益构建模型 2，比较农户对价格和收益率的反应情况。运用统计软件 Eviews 6.0，选择模拟结果最优的截面加权法对模型的系数进行估计。通过对模型变量的对数化处理，估计所得的系数即为弹性系数。估计结果如表 8 - 1 所示，两个模型调整的 R^2 分别为 0.728 和 0.914，说明模型的拟合程度较高，结果具有较高的可靠性。

表 8 - 1　　　　　　　　　　　模型估计主要结论

变量	模型 1	变量	模型 2
固定变量	3.041 **	固定变量	3.168 **
滞后一期粮食价格	0.144 ***	滞后一期粮食单产纯收益	0.016 *
滞后一期种植面积	0.676 ***	滞后一期种植面积	0.667 ***
粮食生产直接费用	- 0.085 ***	滞后一期其他农产品单产纯收益	- 0.006
时间序列趋势	不显著	时间序列趋势	0.006 *
F 值	26.832	F 值	77.898
R^2	0.756	R^2	0.926
调整的 R^2	0.728	调整的 R^2	0.914
DW 值	2.063	DW 值	1.964

注：*、**、***分别表示系数值在 t 统计在 1%、5%、10% 水平上有效。

滞后一期种植面积对农户种植决策具有显著影响。滞后一期种植面积的系数分别为0.676和0.667，通过了1%显著性水平下的检验，反映出上一期种植面积越大，则农户在下一年的种植决策中越倾向于扩大粮食种植面积，表明农户粮食种植具有较大的惯性；也反映出种植面积的扩大有利于形成粮食种植的规模效应，进而提高粮食的种植效率和收益率。直接粮食生产费用的系数为 −0.085（如模型1所示），通过1%显著性水平下检验表明，农户的种植决策与粮食直接生产费用呈负相关关系，表明种植成本的提高，降低了粮食的预期收益率，因此，农户的种植意愿降低，这与胡继亮（2009）的研究结论相一致。

通过比较粮食的价格和收益可以发现，粮食短期供给价格弹性为0.144，长期供给价格弹性为0.352（根据长期弹性公式 $a_1/1 - a_2 - a_3$ 和 $b_1/1 - b_2 - b_3$），即粮食价格每增加一个单位，短期和长期种植面积将分别增加0.144个和0.352个单位。粮食短期收益弹性和长期收益弹性分别为0.016和0.047，反映了粮食单产纯收益越高，农户越倾向于扩大种植面积。粮食价格和单产纯收益是决定农户扩大多少种植面积的中介变量。假说1得到验证。单产纯收益的长期弹性和短期弹性都小于价格的长期弹性和短期弹性，说明粮农种植决策过程中更多考虑价格因素。由此可见，粮食价格在更大程度上影响粮农的生产决策行为，也验证了本书提出的假说2。从结果看出，短期价格和收益的弹性都较低，说明农户对价格和单产纯收益的反应都比较小；说明粮农不能在短期内对价格和收益做出及时的调整，这主要是由于我国粮食生产技术进步的有偏性，机械技术进步对劳动力投入的替代导致的，使得劳动力的超额供给成为我国粮食生产价格反应功能弱化的重要原因，反映了劳动投入的准固定性对农户粮食价格反应的影响（蒋乃华，1998）。远期价格弹性大于远期收益弹性，反映了长期内，随着粮食生产投入要素的调整，长期的价格调整力度要大于收益的调整力度。正因粮食播种面积不能对粮食价格和收益做出迅速调整，导致粮食播种面积的周期性波动，这与罗锋（2010）的研究结论相一致。

粮食的短期收益和长期收益系数都较小，这主要是由于随着改革开放的不断深入，农户进城务工人数不断增加，粮食生产收入已经不是农户获得现金收入的主要来源，与粮食种植相比，耕地改为其他用途时，其边际收益更高，因此，耕地作为粮食生产的主要生产投入要素，其对粮食价格变动的反应相对较小，反映了土地的供给刚性。随着市场机制的不断深入，农户作为理性人根据边际报酬相等的原则对资源进行配置，土地的细碎化、小规模化导致边际收益递减，农户对粮食收益相对不敏感，但由于粮食在农业中的特殊地位及国家政策的扶持，即使种粮收益下降，也不能完全反映到农户的种粮行为中，从而导致粮食收益率反应功能弱化。

粮食预期价格形成系数及预期收益形成系数分别为 0.409（根据公式 $1 - a_2 - a_3$）和 0.339（根据公式 $1 - b_2 - b_3$），预期价格系数较大，预期收益系数较小，表明农户对价格的预期调整大于收益预期调整。总体而言，其系数绝对值都很低，这说明粮农对价格和收益的预期做出适应性调整不大。粮农根据预期粮食价格和单产纯收益变动调整粮食播种面积的过程中，从决策制定到计划实施的时滞分别为 2.44 和 2.95（1 除以预期价格或收益形成系数），即分别需要大约两年半和三年时间，并且价格的调整速度快于收益的调整速度。说明在实际中，粮农对价格和收益的预期是根据过去几年实际价格和实际净收益加权平均得出，粮农对种植计划的调整主要基于价格与收益，且并不会以一年的价格或收益为基础来进行判断，而是综合两年到三年的时间段内价格和收益的变化来调整其种植计划。

第五节　结论及政策含义

通过实证分析，本书主要结论概括如下：

第一，与粮食单产纯收益相比，粮食价格是影响粮农粮食生产决策行为的最主要因素，是决定农户粮食生产决策行为的最主要中介变量。粮食价格越高，粮农越倾向于扩大粮食生产规模，粮食种植面积也越大。与粮食收益率相比，农户更注重收入最大化。

第二，粮农的种植决策在很大程度上受到上一期粮食种植面积，即以往种植惯性的影响。

第三，粮食直接生产费用对粮农种植决策行为产生了明显的逆向调节作用。据此，可从如下几个方面进行政策调整：

第一，提高粮食价格，保障农民种植粮食收益。粮农对价格的反应程度要大于对单产纯收益的反应，加大粮食生产和技术补贴力度，可以直接鼓励农民种植粮食的积极性。由于粮农对价格和收益的预期做出的适应性调整缓慢，从决策制定到计划实施的时滞时间较长。政府应确保粮食价格相关政策的连续性和稳定性，继续实行粮食最低收购价政策，适当提高粮食收购价格，稳定农产品生产资料价格，控制粮食种植生产成本，确保粮食收益，使农户对粮食生产做出稳定预期。通过制定有针对性和偏重性的政策，提高广大农民的粮食生产积极性。

第二，扩大粮食生产规模，提高粮农收入预期。通过加强土地流转的政策措施激励，促进粮农种植规模的扩大，减小土地细碎化对农户扩大种植规模的影响。农户扩大种植面积的根本目标是追求收益最大化，因此，要加强农业技术创新，培育优质新品种。研发更加有效和环保的农药和化肥、提高灌溉设施和科学管理水平，从根本上提高粮食单产产量，提高粮农单产收益。因地制宜地推广其他经济作物和粮食的种植，通过产值最大化和确保粮食优产区粮食种植面积的稳定性两方面提高农民收入和确保粮食生产的质和量。

第三，稳定粮食生产成本，提高农产品市场化率。政府应采用财税杠杆，对农业生产资料进行税收减免，保护价收购、种粮补贴等降低粮食生产成本。通过对农资产品的生产采取一定的政策倾斜措施，如对化肥、农药、农用薄膜、种子的生产给予一定的税收优惠，对农业用电、用水、柴油等给予价格上的支持，进一步加强对农资市场的监管，严厉打击哄抬价格等行为，以规范农产品市场，提高农产品的市场化率。

第九章　封闭条件下粮食价格
波动的机理分析

随着农产品贸易自由化进程的加快，世界粮食贸易出现大幅增长，世界对中国粮食的需求持续增加。粮食的生产与贸易受价格和国际市场影响越来越大，国际农产品价格波动对国内影响日益强烈，国际粮食价格波动加剧，对生产者和消费者等不同主体的福利效应产生了截然不同的影响。从供给角度来讲，已有研究表明，农业技术进步是促进粮食单产增加的关键因素（黄季焜，1996；朱希刚，2003）。从逻辑上看，粮食作物技术进步导致粮食总供给增加，驱动价格变化，引起相关主体福利变动，进而影响各主体的经济行为。农业技术进步不仅具有收入（产量）效应，而且具有分配效应。那么，技术进步福利效应如何在不同主体之间进行分配？能否实现依靠技术进步促进粮食增产与福利分配相协调？对于这些问题的研究，是我国实施科技兴农战略和实现国家粮食安全的基础性工作。但目前关于福利效应的实证研究还相当薄弱，一些基础性的问题尚未得出一致性的结论。

第一节　农业科技进步导致粮食价格
波动的原因分析

依靠农业技术进步是市场经济条件下农业增效、农民增收、农村现代化的必然战略选择。2011 年，中国粮食总产量 57121 万吨，比 2010 年增长 4.5%。2003—2011 年粮食累计增产 2810 亿斤；2003—2011 年粮食单产累计提高 55.6 公斤。在这一过程中，农业技术进步对粮食增产的贡献率达 53.5%，对农业生产发展具有关键性推动作用。研究表明，长期稳定地保障我国粮食和其他重要农产品的有效供给，必须立足于现有农业资源，依靠农业科技进步（陈锡文，2012）。农业技术是一种无形的要素，渗透在资本、劳动、土地等有形要素中。以李嘉图为代表的古典经济学家普遍认为技术进步是一把"双刃剑"，农业技术进步导致农产品总供给变化，诱致价格变化，引起农业生产者和消费者的福利变动，产生价格效应和分配效应，最终影响农业技术进步不同主体的利益分配。统计数据表明，2009年农业科技贡献率达51%，2011年增至53.5%，2012年提高到54.5%。然而，就农民人均收入来看，表现出跌宕起伏、变动频繁的态势（王耀发，2003）。总体来看，农户家庭经营收入占总收入的比重呈下降趋势，由2001年的61.7%下降至2008年的51.2%，反映出农业经营效益的下降（陆文聪等，2011）。那么，在农业技术变迁过程中，农户福利是如何变动的？农户福利水平是改善了还是恶化了？对这些问题的回答，对国家科技进步政策的完善具有重要作用，是制定粮食产业政策和实现国家粮食安全的基础性工作。

我国农业技术进步主要有两种模式，即生物化学型技术进步与机械型技术进步（任开津、典生，1985）。虽然我国粮食生产在总产量方面一直保持优势，但由于受农业科技含量低、产业链短以及附加值不高等问题影响，我国农业技术进步一直是粮食生产发展的"瓶颈"。根据技术经济学理论，技术积累率的变化导致要素相对供给的变化，要素相对供给的增加引致技术存量和技术进步率同时偏向于这一要素递增的情况。即技术的变动引致产量曲线移动，或者改变其斜率。当技术变动是中性时，其影响仅在于使得等产量曲线向原点移动，而斜率不变；当技术变动为有偏时，等产量曲线的斜率将发生变化，由于现代科技水平的提高，要求增加农业生产的科技投入，而随着科技投入在农产品生产要素中的比例不断提高，农业生产逐渐出现资本密集型生产的倾向。在尚未完全完成工业化进程的情况下，科技投入要素的价格要高于人力资本、土地等传统农业生产要素的价格，农业生产科技水平的提高必然导致要素价格推动型的农产品价格上升。

其次，农业科技水平的提高使得农产品附加值大大提高。与粗放型的传统农业生产相比，科技水平高的现代农业呈现集约化发展的趋势。虽然投放在单位面积上的劳动力要素越来越少，但是，科技要素投入却越来越密集。因此，农产品中蕴含的附加价值不断提高，导致市场价格的上涨。例如，在玉米市场，普通玉米的价格基本稳定，但是，科技含量高的高淀粉、鲜食水果玉米价格上涨显著。在它们的拉动下，整个玉米市场的价格呈不断上涨之势。

农业技术进步引起了农业产出量和市场价格的变化，致使消费者和生产者福利的变化，整个社会必然从农业技术进步中受益，整体福利水平不断提高。但国外关于农业技术进步的福利效应分配研究依然缺乏一致性结论，国内对农业技术进步福利效应分配方面的研究尚不多见。技术进步的福利效应及其分配状况是政府制定农业政策的基础。因此，对于技术进步的福利效应进行研究，可为制定产业政策提供理论依据，具有重要的现实意义。本章以中国大米产业为研究对象，采用技术进步福利效应模型，基于 1980—2008 年中国大米统计数据，从生产者剩余和消费者剩余角度对大米产业技术进步的福利效应进行研究。

理论界对农业技术进步的研究主要集中于经济增长的测度及与农民收入关系上，研究结论莫衷一是。索洛认为，技术进步能够促进人均收入的持续增长（Solow，1957），但是农业技术变革不可能一蹴而就，需要一个长期累进的过程。在农业增长过程中，由于资源配置效率的非平衡性，为了提高资源的利用效率，新的技术与方法应运而生，从而促使劳动生产率的提高以及农业劳动人口的减少（周力和周应恒，2011）。然而，学者研究发现，农业技术进步以及农业科技投入增加并不能保证农民收入增长。Cochrane 于 1958 年最早提出了"农业踏车理论"，发现农业技术进步促进了产量增加，成本下降，最终导致农产品价格下降，后采用新技术的农户并未从农业技术采用中获利，而未采用新技术的农户将因此遭受损失，从而最新采用新技术的农户继续寻求新的技术（Cochrane，1958）。随后，学者从半商业性农业生产者中也发现了类似现象（Hayami，1977），学者相继提出了"渔业踏车"、"全球踏车"理论。为了解决这一问题，学者建议发展中国家的政府应不断加大对基础研究的投资，完善市场机制，确保农业新技术以及其他知识创新能够进行明确的产权交易，加速农业技术创新。

国内学者认为，农业技术进步对整个社会的贡献远远大于对农民自身的好处（陈秋锋，2014）。陆文聪和余新平（2013）利用实证数据分析了1981—2010 年农业科技进步与农户农业收入以及非农收入增长之间的关系，研究发现，长期内中国农业科技进步对农户农业收入增长存在着显著的正向效应，短期内也有利于农户农业收入的增长，且对农户非农收入增长也起到一定促进作用。还有学者从微观角度分析了农户的创新行为与收入增长的关系，研究发现，农户创新行为及创新程度与其收入增长高度正相关。农户不同的创新行为其收入效应不同。其中，非技术创新的收入效应明显好于农业技术创新（李学术和向其凤，2010）。然而，也有学者认为我国农业技术进步也存在"踏车"现象，农产品边际产出的增加导致了边际收益的降低，农户收入增长缓慢甚至存在一定程度的下降（罗长远和张军，2009）。黄祖辉等实证分析得出农业技术进步对农民纯收入存在负相关关系（黄祖辉和钱峰燕，2003）。这主要是由于农产品供需弹性小，技术进步对农民收入增长产生负面影响（李志平，2012）。通过对技术进步类型的细分，发现要素耗费型技术不利于农民增收，而要素节约型技术有利于农民增收；农产品需求弹性的大小也决定了技术进步对农户增收的影响，需求弹性大的农产品对农户增收具有明显的正向作用（董直庆等，2013）。俞培果和蒋葵（2006）分析了农业科技投入的价格效应和分配效应，认为科技投入的增加并不能提高农户收入，反而扩大了城乡之间的福利差距。在此基础上，学者从不同角度分析了农业技术进步对农户内部收入差距的影响机制，同时，利用1985—2003年的相关数据进行实证检验，结果表明，农业技术进步率从整体上提高了我国农村居民内部收入差距，但是，经历了阶段性的先扩大后缩小的过程。技术进步究竟在农民福利变化中扮演何种角色，是个颇受争议的问题（李大胜，2007）。

总之，国内外文献从不同角度研究了技术进步对农业发展的作用效果，其理论和方法对我们的研究具有重要的启发和借鉴意义。但是，现有研究着力于技术进步与农户收入之间相关关系的分析，研究结论各不相同，基于福利视角探讨农业技术进步对农户福利变动影响的研究较为少见。此外，一些学者虽然考察了政府科技投入对农户福利的影响，但主要采用理论模型进行阐述，鲜有学者从经济剩余角度，实证分析技术进步的农户福利效应。因此，本书以粮食为研究对象，采用 Akino 和 Hayami 技术进步福利测度模型，对技术进步过程中农户福利的变动进行测度，以期为政府科技创新政策的制定提供借鉴。

第二节 技术进步条件下的粮食产量与农户种粮收入变化

随着家庭联产承包责任制的实施、农业技术普及率的提高，农户生产积极性被极大地调动起来。因此，改革开放至今，我国农作物产量持续增加。从图 9-1 可以看出，1978 年全国粮食产量 30477 万吨，2011 年达到 57120 万吨，34 年间共增加了 26643 万吨，年均递增 2.03%。由于各地经济发展水平不同、资源禀赋的差异，在长期的发展过程中，根据资源优势、技术优势和经济效益等特点形成了粮食主产区，产销平衡区和主销区的生产格局。粮食主产区是指地理、土壤、气候、技术等条件适合种植某些粮食作物并具有一定比较优势的粮食重点生产区，主要包括黑龙江、吉林、辽宁、内蒙古、河北、河南、山东、江苏、安徽、江西、湖北、湖南、四川 13 个省份。国家粮食局 2011 年的统计数据显示，中国 13 个粮食主产区粮食产量占全国总产量的比重为 75.4%，全国约 95% 的粮食增产来自 13 个粮食主产区，对我国粮食生产和经济社会发展产生了举足轻重的作用。我国粮食主产区 1978 年粮食产量 21123.5 万吨，2011 年达到 44206.7 万吨，共增加了 23083.2 万吨，年均递增 2.41%。我国粮食主产区粮食产量占全国粮食产量的比例呈现出在波动中上升的趋势，从 1978 年的 69.31% 上升到 2011 年的 77.39%，年均递增 0.24%。随着产量的不断增加，在粮食产业由粗放型向集约型转变过程中，农业生产的规模化、集约化程度也在不断提高，通过农业新技术的采用和消化吸收，粮食产量稳步增加。科学技术在粮食增产过程中发挥了巨大的作用，使得整个社会从农业技术进步中受益，进而提高社会的整体福利水平。然而值得关注的是，在这一过程中，粮食收入占农户总收入的比重呈下降态势。我国粮食收入占农户总收入的比重整体表现为曲折递减的过程。改革开放初期，粮食收入占到农户总收入的比重接近一半，1978 年为 44.75%。随后以年均 2.13% 的速度逐年下降，至 1991 年仅为 17.08%。经过 1992—1995 年的短暂回升后达到 33.07%，此后则又持续下跌，至 2003 年为 21.24%。2004 年以后，在 28%—31% 的范围内波动。目前，在我国绝大多数地区农户收入主要来源仍然是农业收入，这一比重高达 60% 以上。因此，农业技术进步对农户福利变动的影响以及技术进步所导致的福利在不同主体之间的分配，是目前研究中亟须解决的问题。

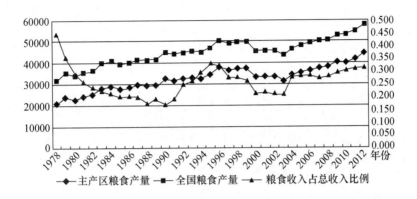

图 9 - 1　粮食产量与农户收入变化

第三节　理论模型与数据说明

一　技术变化福利测度模型

关于福利效应的研究学者主要采用支付意愿、补偿变量、收入变化等方法。Akino 和 Hayami 于 1975 年提出测量技术变化的福利效应模型。此后，该模型被广泛应用于衡量技术进步过程中不同主体福利的变动（Monica，2001；展进涛，2011）。模型的基本前提假设为：（1）完全市场；（2）模型为静态模型；（3）供需曲线为线性且随技术进步的变动平行移动。因此，假设我国粮食生产处于完全封闭市场，技术进步只导致供给曲线的变动，需求曲线不产生任何位移。运用图 9 - 2 阐释并说明农业技术进步的福利效应。技术进步发生前，粮食供给（S）与需求（D）的相互作用决定了市场的均衡价格（P_0）与均衡产量（Q_0），市场均衡点为 A（Q_0，P_0）。当农业技术进步促使供给曲线右移至 S_t。需求曲线与新的供给曲线 S_t 的焦点 B 即为新的市场均衡点（Q_t，P_t），从而产生新的粮食均衡价格（P_t）。因此，根据福利经济学对经济剩余定义，经济剩余主要由生产者剩余和消费者剩余组成，技术进步导致新的生产者剩余

为 $BFO - AP_0P_tF$ 的面积, 而消费者剩余则为面积 AP_0P_tB, 总的经济福利为 AOB。

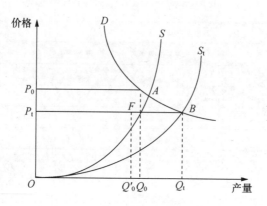

图 9 - 2　技术进步的福利效应模型

其模型具体形式如下 (Mahrouf and Perera, 2004):

$$生产者剩余 = S_{BFO} - S_{AP_0P_tF} \cong kpq - \frac{kpq(1+\beta)}{\beta+\eta}$$

$$\left[\frac{1 - 1/2k(1+\beta)\eta}{\beta+\eta} - \frac{k(1+\beta)}{2} \right] \tag{9.1}$$

$$消费者剩余 = S_{AFB} + S_{AP_0P_tF} \cong \frac{pq[k(1+\beta)]^2}{2(\beta+\eta)} + \frac{kpq(1+\beta)}{\beta+\eta}$$

$$\left[\frac{1 - 1/2k(1+\beta)\eta}{\beta+\eta} - \frac{k(1+\beta)}{2} \right] \tag{9.2}$$

$$总经济福利 = S_{BFO} + S_{AFB} \cong kpq + \frac{pq[k(1+\beta)]^2}{2(\beta+\eta)} \tag{9.3}$$

其中, p 表示粮食价格, β 表示粮食供给的价格弹性, η 表示粮食需求的价格弹性, q 表示粮食产量, k 表示粮食供给函数的偏移量。

二　数据说明

本书进行农业技术进步农户福利效应的测算主要使用粮食产量、生产价格、消费价格等方面数据, 数据源于 1978—2011 年的《中国农村统计年鉴》、《中国统计年鉴》、《全国农产品成本收益资料汇编》等。为消除通货膨胀的影响, 对各价格指数均进行了相应的处理, 并将其指数化。本书使用统计软件 Eviews 6.0 进行计量分析。

第四节　技术进步条件下的农户福利效应分析

一　模型参数的确定

考察农业技术进步的福利效应需要估计三个变量的值。k 值为农业技术进步率，实质上反映了农业技术进步导致每单位成本节约的比例。k 值的大小与技术扩散速度和技术进步类型密切相关，一般为 5%—10%（Mahrouf，2004）。因此，本书假定技术进步导致粮食供给函数的偏移量为 5%。对粮食的供给与需求价格弹性以及需求收入弹性的估计，首先需要进行平稳性检验。

（一）序列的协整检验

判断宏观经济时间序列数据是不是平稳数据，需要进行平稳性检验。本书采用 ADF 单位根检验方法，以防止产生虚假回归问题。分别对粮食供给与需求函数的主要变量进行单位根检验。检验结果如表 9－1 所示。结果表明，供给函数各变量的对数值在 10% 的显著性水平下均为不平稳序列，一阶差分后分别在 1% 和 5% 的显著性水平下平稳，说明供给函数各变量均为一阶单整序列；需求函数各变量的对数值在 10% 的显著性水平下均为不平稳序列，一阶差分后分别在 1% 和 5% 的显著性水平下平稳，说明需求函数各变量均为一阶单整序列。

表 9－1　　　　　　　供给与需求变量的平稳性检验结果

变量	检验类型(C, T/N, K)	ADF统计量	临界值(1%)	临界值(5%)	临界值(10%)	结论
$\ln(Y)$	(C, N, 4)	1.0272	-2.6857	-1.9591	-1.6075	不平稳
$\Delta\ln(Y)$	(C, T, 4)	-4.375 ***	-3.8315	-3.0300	-2.6552	平稳
$\ln(ARE)$	(C, N, 4)	1.6405	-2.6857	-1.9591	-1.6075	不平稳
$\Delta\ln(ARE)$	(C, T, 4)	-3.1316 **	-3.8315	-3.0300	-2.6552	平稳
$\ln(FER)$	(C, N, 4)	1.9387	-2.6924	-1.9602	-1.6071	不平稳
$\Delta\ln(FER)$	(C, T, 4)	-1.7791 *	-2.6924	-1.9602	-1.6071	平稳
$\ln(GP)$	(C, N, 4)	2.1217	-2.6857	-1.9591	-1.6075	不平稳
$\Delta\ln(GP)$	(C, T, 4)	-3.1718 **	-3.9591	-3.0810	-2.6813	平稳

续表

变量	检验类型 （C，T/N，K）	ADF 统计量	临界值 （1%）	临界值 （5%）	临界值 （10%·）	结论
ln（DIS）	（C，N，4）	− 0.4342	− 2.6998	− 1.9614	− 1.6066	不平稳
Δln（DIS）	（C，T，4）	− 5.2770 ***	− 3.8574	− 3.0404	− 2.6606	平稳
ln（PGC）	（C，N，4）	− 1.3308	− 2.6857	− 1.9591	− 1.6075	不平稳
Δln（PGC）	（C，T，4）	− 4.5567 ***	− 4.5326	− 3.6736	− 3.2774	平稳
ln（GPI）	（C，N，1）	1.5391	− 2.6924	− 1.9602	− 1.6071	不平稳
Δln（GPI）	（C，T，3）	− 3.5003 **	− 3.9204	− 3.0656	− 2.6735	平稳
ln（GP）	（C，N，0）	− 0.0625	− 2.6857	− 1.9591	− 1.6075	不平稳
Δln（GP）	（C，T，0）	− 4.0025 ***	− 3.8315	− 3.0310	− 2.6552	平稳

注：（1）检验类型（C，T/N，K）表示单位根检验方程包括常数项、时间趋势和滞后阶数，N 是指不包括 C 或 T；（2）*** 表示 1% 的显著性水平，** 表示 5% 的显著性水平，* 表示 10% 的显著性水平；（3）Δ 表示序列的一阶差分。

在平稳性检验基础上，需要考察自变量与因变量之间是否存在稳定的长期均衡关系，即是否存在协整关系。本书采用回归方程的残差序列进行单位根检验，以判断因变量与自变量之间的协整关系。供给函数与需求函数的检验结果表明（见表 9 - 2），供给与需求函数各变量分别在 99% 和 95% 的置信水平下，通过单位根检验，即残差序列平稳，可以进行回归分析。

表 9 - 2　　　　　　　　　　残差序列 ADF 检验结果

	检验类型 （C，T/N，K）	ADF 统计量	临界值 （1%）	临界值 （5%）	临界值 （10%）	结论
供给函数残差序列存 在单位根	（C，N，0）	− 4.2132 ***	− 3.4592	− 2.8963	− 2.5989	平稳
需求函数残差序列存 在单位根	（C，N，1）	− 2.2659 **	− 2.6417	− 2.0153	− 1.5206	平稳

注：*** 代表 1% 的显著性水平，** 代表 5% 的显著性水平，* 代表 10% 的显著性水平。

（二）粮食供求价格弹性及收入弹性估计

1. 粮食供给价格弹性

采用改进的柯布—道格拉斯生产函数估计粮食价格的供给弹性，最常用的模型是双对数模型。产量方程如下：

$$\ln Y = b_0 + b_1 \ln IRR_t + b_2 \ln FER_t + b_3 \ln DIS_t + b_4 \ln ARE_t + b_5 PG_t + U_t \quad (9.4)$$

其中，Y 是指粮食产量，IRR_t 是指粮食作物灌溉面积，FER_t 是指本种植年度的化肥投入，DIS_t 是指本种植年度粮食受灾面积，ARE_t 是指粮食作物种植面积，PG_t 是指粮食价格。使用软件为 Eviews 6.0，估计粮食生产的双对数回归方程如下：

$$\ln(Y) = -7.02 + 0.584 \ln IRR_t + 0.344 \ln FER_t - 0.131 \ln DIS_t + 1.899 \ln ARE_t$$
$$(2.012^{**})\ (1.968^{*})\ (4.326^{***})\ (-2.86^{***})\ (3.131^{***})$$
$$+ 0.071 \ln PG_t$$
$$(2.62^{***}) \quad\quad\quad\quad\quad\quad\quad\quad\quad\quad\quad (9.5)$$

$$R^2 = 0.68 \quad\quad F = 36.647$$

说明：* significant at 10%，** significant at 5%，*** significant at 1%。

主要变量的估计系数通过检验。预测方程 R^2 值的。为 0.68，拟合度较好。主要变量系数在 1%—10% 的范围内显著。产量方程的回归结果显示，粮食的自价格弹性值为 0.071，表明粮食价格上涨 10%，粮食产量只增加 0.71%。

2. 粮食需求价格弹性及收入弹性

人均粮食消费估计采用如下模型：

$$\ln PGC_t = b_0 + b_1 \ln GPI_t + b_2 \ln PG_t + U_t \quad\quad\quad\quad (9.6)$$

其中，PGC_t 是指农村地区的人均粮食消费量，GPI_t 是指农村地区的人均实际收入，PG_t 是指粮食实际价格。

估计我国农村人均粮食消费量对数回归方程如下：

$$\ln(PGC_t) = 9.285 - 0.427 \ln(PG_t) - 0.234 \ln(GPI_t)$$
$$(8.923^{***})\ (-2.342^{**})\ (-3.740^{***}) \quad\quad\quad (9.7)$$
$$R^2 = 0.87 \quad\quad F = 65.459$$

估计结果显示，方程 R^2 的值为 0.87，拟合度良好。主要变量系数分别在 1%—5% 的范围内显著。粮食需求价格弹性为 -0.427，这意味着，当粮食价格上涨 10%，农户粮食人均消费量将减少 4.27%。需求收入弹性为负且影响显著，估计系数为 -0.234，意味着当实际收入增加 10%，农村地区的粮食人均消费量将减少2.34%。

（三）粮食价格的希克斯需求弹性估计

希克斯需求弹性（ε^H）反映了在给定的价格与效用水平下，消费者实现支出最小化的各种商品的需求量。希克斯需求弹性重新解释了消费者剩余并补充了福利经济学的补偿原则，推动了福利经济学的发展，所以对福利的度量使用希克斯需求弹性准确性更高。

希克斯需求弹性的计算公式是在对消费者剩余精确度量的基础上，根据补偿变量 CV 为理论基础推导出来的，经过泰勒级数展开及 Shepherd 引理的应用，可得出其计算公式如下：

$$\varepsilon^H = \eta + CR \cdot \delta \tag{9.8}$$

其中，η 代表粮食的需求价格弹性，δ 代表粮食的需求收入弹性，CR 表示粮食的消费支出与收入之间的比值。

将上文计算得出的粮食的需求价格弹性（η）0.427，粮食需求收入弹性（δ）0.234，并利用相关数据估计 CR 值后代入（9.8）式，得出粮食的希克斯需求弹性，如表9-3所示。

表9-3   相关参数估计

年份	CR（%）	希克斯需求弹性	年份	CR（%）	希克斯需求弹性
1978	25.709	0.487	1995	19.777	0.473
1979	26.344	0.489	1996	18.581	0.470
1980	25.698	0.487	1997	15.859	0.464
1981	21.529	0.477	1998	15.834	0.464
1982	20.525	0.475	1999	15.417	0.463
1983	17.572	0.468	2000	12.879	0.457
1984	19.097	0.472	2001	13.066	0.458
1985	14.861	0.462	2002	12.269	0.456
1986	13.419	0.458	2003	11.865	0.455
1987	12.881	0.457	2004	14.161	0.460
1988	11.817	0.455	2005	12.392	0.456
1989	11.426	0.454	2006	11.614	0.454
1990	10.086	0.451	2007	11.004	0.453
1991	10.979	0.453	2008	10.526	0.452

续表

年份	CR（%）	希克斯需求弹性	年份	CR（%）	希克斯需求弹性
1992	14.693	0.461	2009	10.214	0.451
1993	15.463	0.463	2010	10.192	0.451
1994	18.567	0.470	2011	9.073	0.448

由表9-3可知，CR值除在个别年份有微幅增长外，总体变化趋势表现为曲折递减过程，粮食消费在消费总额中所占比重越来越小。CR值的总体变化过程充分显示出随着收入增加，农户生计得到改善，恩格尔系数下降，消费的多样化使得以粮食为代表的食品消费在总支出中的比重不断下降，CR值呈现出逐年递减的趋势。

希克斯需求弹性为负，其绝对值呈逐渐递减的趋势，从1978年的0.487下降到2011年的0.448，说明随着价格的上升，为保持相同的效用水平，能使消费者实现支出最小化的粮食需求量逐渐下降。希克斯需求弹性系数的绝对值大于需求自价格弹性系数的绝对值0.427，且希克斯需求曲线的导数大于马歇尔需求曲线的导数，确保了效用一定时成本最小化。

二　技术进步的福利测算与分析

将粮食价格（元/公斤）、粮食产量（万/公斤）、粮食供给函数的偏移量k等数据和运算得出的相关弹性系数代入技术进步福利模型，测算农业技术进步的生产者与消费者福利变化，结果如表9-4所示。

表9-4　　　　　　　农业技术进步的福利变动情况　　　　单位：亿元

年份	消费者剩余	生产者剩余	经济剩余	年份	消费者剩余	生产者剩余	经济剩余
1978	2183.849	-2169.187	14.661	1995	20730.540	-20591.366	139.174
1979	2072.755	-2058.840	13.915	1996	24397.691	-24233.898	163.793
1980	2059.886	-2046.057	13.829	1997	22343.019	-22193.020	149.999
1981	2088.578	-2074.556	14.022	1998	22973.007	-22818.778	154.228
1982	2376.348	-2360.394	15.954	1999	22257.128	-22107.706	149.422
1983	2631.858	-2614.190	17.669	2000	17990.551	-17869.772	120.779
1984	2824.469	-2805.507	18.962	2001	19146.817	-19018.276	128.541
1985	2979.460	-2959.458	20.002	2002	19185.911	-19057.107	128.804
1986	3239.842	-3218.092	21.751	2003	19791.661	-19658.791	132.871

续表

年份	消费者剩余	生产者剩余	经济剩余	年份	消费者剩余	生产者剩余	经济剩余
1987	3502.385	-3478.872	23.513	2004	28800.766	-28607.413	193.353
1988	3716.562	-3691.611	24.951	2005	31953.538	-31739.019	214.519
1989	4465.334	-4435.356	29.978	2006	34221.838	-33992.091	229.747
1990	4559.208	-4528.600	30.608	2007	37659.269	-37406.445	252.824
1991	5252.281	-5217.020	35.261	2008	43800.639	-43506.585	294.054
1992	7469.421	-7419.275	50.146	2009	48736.359	-48409.169	327.190
1993	9665.417	-9600.528	64.888	2010	56085.500	-55708.973	376.528
1994	14362.820	-14266.396	96.424	2011	65779.981	-65338.370	441.611

封闭条件下技术进步导致生产者福利一直处于亏损状态，即技术进步与生产者福利变动具有负向作用关系，技术进步导致生产者即农户的福利恶化。随着技术进步的不断加速，生产者福利一直为负值，且生产者福利不断恶化，年均下降11.85%。这主要是因为：

首先，技术进步大大提高了生产效率，随着时间的推移，由于技术进步所带来的额外收益逐渐被产量提高所导致的农产品价格下降抵消，而且粮食的需求弹性比较低，使得粮食销售总收益增加的幅度低于生产成本增加的幅度，从而导致生产者福利的净损失。此外，由于粮食受自然环境影响较大，生产周期长，从而导致粮食的供给量对市场反应的滞后性，其价格下降的速度大大快于供给变动的速度。黄祖辉的研究结果也在一定程度上与本书的结论相吻合，即1994—2001年农业技术进步率年均达1.13%，而农民农业纯收入却降低了3.49%。由于我国农户主要是兼业户，单个农户的生产规模较小，农户为满足自身消费需求，生产品种多样化，导致农户采用新技术、新品种的动力明显低于规模企业，新技术早期采用者的额外利润很难为单个农户所分享，而技术成熟后，农户往往面临市场价格大规模下降的困境，形成农户技术采用的恶性循环。农户作为理性人，其技术采用决策行为除了受社会文化、心理等方面因素影响外，其最重要的决策机制即为利益—风险机制，由于其资金的有限性，以及风险承担能力较弱，作为风险规避者的农户，在资金条件不变的情况下，农民在利益与风险之间寻求平衡。因而，为保证收益最大化，单个农户往往缺乏采用新技术的动力以降低风险。除了农户的因素外，市场开放程度也是导致经济福利分配不均衡的主要因素，即随着市场开放程度的不断提高，生产者将从技术进步中获得更多福利，而消费者的福利水平则不断降低。

其次，随着技术进步的不断发展，消费者福利呈上升趋势，技术进步使消费者福利得到改善，即技术进步与消费者福利变动具有正向作用关系。2011 年，消费者剩余为 65779.981 亿元，是 1978 年消费者剩余 2183.849 亿元的 30.12 倍，消费者剩余整体保持增长态势，消费者福利水平不断提高，年均上涨 11.82%。这是因为粮食供给弹性较低，技术进步使得供给增加，供给曲线右移，而由于人们食品消费需求的稳定性，对粮食的需求基本不会因为市场价格的变动发生巨大的改变，因此需求曲线不变，粮食价格下降，技术进步具有的产量效应使得消费者以更低的价格消费了更多的商品，粮食生产成本的下降促使与之相关的食品成本降低，从而促使消费者剩余增加，这对改善城镇低收入居民的福利起到重要作用，与 Hayami 和 Herdt 的研究结论一致（黄祖辉和钱峰燕，2003），另一方面也反映了技术进步的福利分配效应，即技术进步促使城镇中低收入户的福利改善。

最后，技术进步促进社会整体福利的改善。1978—2011 年，总的消费者剩余为 611304.688 亿元，生产者剩余为 -607200.718 亿元，总的经济剩余为 4103.970 亿元，年均上涨 12.07%。经济剩余变化为生产者剩余与消费者剩余之和，而且经济剩余变化与消费者剩余变化符号保持一致，说明经济剩余中消费者剩余起主导作用。而总福利在消费者和生产者之间的分配取决于供给和需求弹性，粮食的供给弹性与需求弹性都很小，粮食技术进步作用的结果导致消费者获得绝大多数剩余。林毅夫和潘士远根据内生经济增长理论考察了专利保护强度与社会福利之间的关系，研究结果表明保持其他前提条件不变，技术进步率的提高有助于社会福利水平的改善，本书的研究结果与林毅夫等的研究结论一致。

第五节　结　论

基于 1978—2011 年粮食生产、消费以及价格波动的相关数据，本书运用 Akino 和 Hayami 福利效应模型，对农业技术进步的农户福利效应进行实证分析。具体结论如下：技术进步促进了社会整体福利的改善。然而，封闭条件下农业技术进步导致农户福利的恶化，技术进步的福利效应主要被消费者分享，市场结构、农户个体差异是影响农业技术进步中农户福利的主要因素。较低的市场开放程度以及农户对待风险的异质性是导致福利分配中农户福利恶化的主要原因。因此，政府首先应逐渐放开农产品市场，积极参与粮食国际贸易，实施农产品价格支持政策，扩大规模经济与市场覆盖面，保障农户福利最大化，通过增加竞争者的模仿难度，防止农业"踏车效应"的产生。其次应改革现有农业金融体制，加大对农户技术培训，提高农户的风险及创新意识，调整现有的农业技术创新体系，为农户技术采用提供资金支持。最后应加速农产品市场流通体制改革，促使粮食供需弹性提高，促进农户福利改善。

第十章　开放条件下粮食价格
波动的机理分析

中国粮食供给正面临两大刚性制约，即工业化、城市化加速发展导致耕地面积大量减少和经济发展、人口增加导致粮食需求持续增长，粮食安全已成为一个紧迫问题。许多研究表明，农业技术进步是粮食产量增加的主要源泉（吴敬学等，2010；赵芝俊和袁开智，2009）。因此，在资源环境束缚日益加剧背景下，依靠农业技术创新和推广应用，实现粮食供给持续增加是保障我国粮食安全的有效路径。逻辑上，粮食作物技术进步导致粮食总供给增加，驱动价格变化，引起相关主体福利变动，进而影响各主体经济行为。然而，在这一过程中，经济福利如何在相关主体之间分配？技术进步改善还是恶化了农户的福利？对这一问题的回答是构建合理的农业补贴制度和完善政府农业科技政策手段的重要工作。

加入世界贸易组织后，我国农业与世界市场关联程度日益增强。2012年1—11月，中国粮食进口量已达到6589万吨，而2012年中国粮食总产量为58957万吨，若以前11个月的粮食进口量计算，我国粮食进口实际已占全年粮食总产的11%。我国农业贸易依存度由2001年的15%增加到2010年的19.7%；农产品进口依存度由2001年的6.4%上升到2010年的11.8%。[1] 因此，随着我国在国际粮食市场中影响力的不断加大，在世界粮食市场的影响力与日俱增，作为世界上第二大稻米和大麦进口国，排名第十的玉米进口国以及第六大粮食出口国，农业技术进步将增加粮食的产量和供给量，进而对世界粮食市场产生重要影响。基于此，为准确地把握农业技术进步对农户福利变动的影响，本书将我国农业技术进步的福利效应放在大国开放条件下进行分析，测算农业技术进步的经济福利效应并进行分解。

---

[1] 《开放条件下我国农业发展历程与启示》，《经济日报》2012年9月29日。

第一节　文献综述

关于技术进步与农户收入及福利效应的研究学术界主要存在两种截然不同的观点，一种认为，农业技术进步是农民脱贫的关键（Becerril，2009）；另一种认为，技术进步过程中农户并非总能增加利润（Park et al.，2011），并用"踏车理论"解释了技术采用先后对农民收益的影响。农业技术进步是促进还是抑制农民增收，国内学术界也有很大争论：一些学者认为，农业技术进步是拉动农民增收、农业增效的主要动力（戴天仕和徐现祥，2010）；但也有学者实证分析得出农业技术进步与农民纯收入存在负相关关系（黄祖辉和钱峰燕，2003；刘进宝和刘洪，2004），短期内农业技术应用对农户家庭总收入具有显著的正效应，但是，长期农业技术应用可能会对农户家庭总收入产生负面影响（周波和于冷，2011）。整体而言，农业技术进步扩大了我国农村居民内部收入差距，但经历了阶段性先增加后缩小的过程（李大胜和李琴，2007；胡德龙，2011）。计量分析结果也证实，技术进步将拉大收入分配差距，TFP每提高1%，基尼系数将提高0.4%（李斌等，2012）。关于技术进步的福利效应研究，学者主要从技术分割的效益分配这一角度展开，认为技术进步所带来的利润分割主要依赖于财产所有权形式，财产所有权的保护能力以及技术进步效果之间相互作用的情况（Meyers et al.，2012），并以转基因水稻、棉花、大豆等为例分析其福利效应（Ali and Abdulai，2010）。国内仅有少数学者从生产者、消费者和研发者的角度，以转基因棉花、玉米、稻米等为例，测度农业技术进步的福利效应（邵飞等，2011；韩艳旗等，2010；苗珊珊等，2011），鲜见从大国开放视角下实证分析农业技术进步的农户福利效应。

总体而言，国内外学者在技术进步测度、作用等方面进行了大量而富有成效的研究，其理论和方法对本书研究具有重要启发和借鉴意义。但是，现有研究也存在一些不足和缺陷：

一是大量文献围绕农业技术进步贡献率测度展开，这些研究加深了人们对农业技术进步作用机制的理解，但若只关注封闭条件下的技术进步则难以充分揭示现实条件下农业生产要素变化与农业增长之间的内在联系。

二是现有学者对技术进步福利方面的研究主要以理论分析为主，运用调查资料或时序资料进行实证研究较为不足。

三是学术界关于技术进步收入效应的研究主要针对单一的作物，对于农业技术进步福利效应研究相对薄弱，特别是精确测度农业技术进步的福利效应研究较为少见。

基于以上背景，本书以粮食作物为研究对象，对农业技术进步的福利效应进行测度，准确量化农业技术进步的收入效应与分配效应，探讨技术进步的福利分配机制，为政府协调不同主体利益和实现社会福利均衡提供决策参考，为农业科技政策选择与优化提供理论和实证依据。

第二节　理论模型与数据来源

一　理论模型

对福利效应的分析主要采用经济剩余模型（Islam and Norton，2007），其主要衡量局部均衡框架下技术进步引起的消费者与生产者剩余的变动。为准确量化福利变化值，经济剩余模型适用的前提条件主要包括：

一是竞争性条件下供给与需求价格的变动应反映供给者与需求者价值。我国一直在进行市场经济改革，因此可以认为，基本符合市场出清的条件，为简化模型，假设供需曲线为线性且随技术水平的变动而平行变动。

二是组织每一成员的收益与成本应该能够量化。随着我国粮食市场改革不断深入，粮食价格形成主要取决于粮食供求关系，政府只在市场粮价低于最低收购价时启动最低收购价，基本形成了市场在资源配置中的决定性作用。因此，农户生产的粮食价格可以通过市场交换反映出来。

此外，假设该模型为静态模型，但在参数处理时考虑了产品贸易因素，并且将供给曲线的时序动态变动也纳入其中，因而非常适宜评估开放条件下新技术给一国或地区带来的福利效应。模型分析的基本原理是开放条件下出口国技术进步促使产量变动，从而引起价格变动，进而通过出口影响进口国及国际粮食价格变动。因此，可以采用额外供给和额外需求模型分析技术进步导致的价格外溢效应。农业技术进步的经济剩余可以分解为生产者剩余和消费者剩余，具体变化如图 10 - 1 所示。国内供给与国内需求之间的差额表示额外供给，与之对应，其他国家或进口国供给量与需求量的差额表示额外需求。在贸易自由化条件下，额外供给量与额外需求量平衡时即达到市场均衡水平。因此，图 10 - 1 和图 10 - 3 分别反映了 A 国（出口国）与其他国家（Rest of World，ROW）的粮食供求关系。[①]

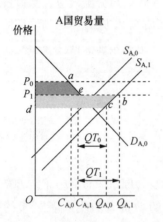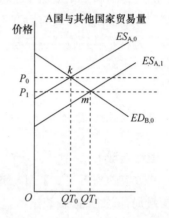

图 10 - 1　技术进步对 A 国供求的影响　　**图 10 - 2　技术进步对国际市场供求的影响**

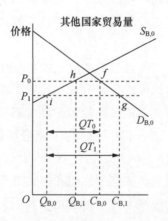

图 10 - 3　技术进步对其他国家供求的影响

[①]　其他国家既指 A 国的进口国，也包括未与之进行贸易往来的国家。

图 10 – 2 主要反映了技术进步所引致的国际市场价格变动对 A 国以及其他国家的影响。图 10 – 2 中，$ES_{A,0}$ 表示国内供给（$S_{A,0}$）与国内需求（$D_{A,0}$）的水平差异，定义为 A 国的额外供给（出口）。其他国家的初始额外需求（$ED_{B,0}$ 即进口）来源于其他国家的供给（$S_{B,0}$）与需求（$D_{B,0}$）之间的差额。额外供给与需求的交叉点 P_0，即为国际市场的均衡点；同时，国内消费量（$C_{A,0}$）、产量（$Q_{A,0}$）和出口量（QT_0）确定。$C_{B,0}$、$Q_{B,0}$ 和 QT_0 表示其他国家消费量、产量和进口量。由于本国技术进步导致供给曲线由 $S_{A,0}$ 外移至 $S_{A,1}$。相应的，额外供给曲线由 $ES_{A,0}$ 外移至 $ES_{A,1}$，产生新的均衡价格为 P_1。$C_{A,1}$、$Q_{A,1}$ 和 QT_1 表示新的国内消费量、产量和出口量，其他国家的消费量、产量和进口量分别用 $C_{B,1}$、$Q_{B,1}$ 和 QT_1 表示。

国际市场价格 PW 下降主要是由于技术进步条件下供给曲线平行外移，从图 10 – 1 中可以看出，区域 P_0aeP_1 和 P_1bcd 分别表示国内消费者和生产者剩余（图中的阴影区域），而技术进步促使 A 国的生产者以及其他消费者获利，但导致其他国家生产者福利的损失。如图 10 – 3 所示，技术进步后生产者剩余部分变为 P_afgP_1，而生产者损失变为 P_0hiP_1。

技术进步的福利效应模型可以表示为：

$$\Delta CS_A = P_0 \times C_{A,0} \times Z\ (1 + 0.5Z\eta A) \tag{10.1}$$

$$\Delta PS_A = P_0 \times Q_{A,0}(K - Z)(1 + 0.5Z\varepsilon A) \tag{10.2}$$

$$\Delta TS_A = \Delta CS_A + \Delta PS_A \tag{10.3}$$

其中，技术进步前 A 国消费量为 $C_{A,0}$，技术进步前国际均衡价格为 P_0，K 表示供给函数的垂直变动，反映了技术变动；技术进步前 A 国产量为 $Q_{A,0}$，国内需求弹性绝对值为 ηA，国内供给弹性为 εA，相对价格的下降为 Z。

Z 值计算采用以下公式：

$$Z = \varepsilon AK / [\varepsilon A + sA \times \eta A + (1 - sA)\eta now]\varepsilon A \tag{10.4}$$

其中，国内消费率为 sA；国内需求弹性绝对值为 ηA；出口需求弹性绝对值为 ηrow。

K 值计算公式为：

$$K = \left(\frac{E(Y)}{\varepsilon}\right) - \left(\frac{E(C)}{1 + E(Y)}\right)P \times A_t(1 - d_t) \tag{10.5}$$

其中，新技术采用后期望产出增长率由 $E(Y)$ 表示，可变投入成本

期望变动率由 $E(C)$ 表示，供给弹性由 ε 表示，新技术成功率为 P，新技术采纳率为 A_t，新技术折旧率为 d_t。

二　数据来源

本书所考察的粮食主要包括稻谷、小麦和玉米三种粮食作物，粮食产量一律按脱粒后的原粮计算。粮食单位面积产量、粮食作物种植面积、粮食总产量数据源于 1978—2011 年《中国统计年鉴》，将三种粮食作物的种植面积及产量分别进行加总；人工成本、物质费用投入、化肥投入和粮食价格源于历年的《全国农产品成本收益资料汇编》中的三种粮食平均成本收益情况、三种粮食平均费用和用工情况、三种粮食平均花费投入情况。粮食价格的确定首先将 1978—2011 年间的稻谷、小麦和玉米亩产值分别除以各自亩产量，获得三种粮食的当年单价，再将以上单价作定基指数化处理（1978 年价格 = 100），以便消除物价变动因素的影响，从而得到稻谷、小麦和玉米的不变价格并进行平均。粮食进出口量、粮食消费量和粮食国际价格源于美国 USDA 数据库，其中，小麦和玉米价格为美国出口价格，稻谷价格为泰国大米出口价格，同理，对其进行平减处理获得小麦、玉米和稻谷的不变价格并进行平均。书中将物质费用以农业生产资料价格指数和居民消费价格指数进行平减，以剔除价格变动影响。

第三节　参数估计

对技术进步的农户福利效应进行测算，我们需要估计 4 个主要参数：(1) 粮食的供给价格弹性；(2) 粮食的需求价格弹性；(3) K 值；(4) Z 值。下面分析粮食的供需弹性需要检验序列的平稳性。

一　序列的协整检验

判断宏观经济时间序列数据是不是平稳数据，需要进行平稳性检验。本书采用 ADF 单位根检验方法，以防止产生虚假回归问题。分别对粮食供给与需求函数的主要变量进行单位根检验。检验结果如表 10 - 1 所示。结果表明，供给函数各变量的对数值在 10% 的显著性水平下均为不平稳序列，一阶差分后分别在 1% 和 5% 的显著性水平下平稳，说明供给函数各变量均为一阶单整序列；需求函数各变量的对数值在 10% 的显著性水平下均为不平稳序列，一阶差分后分别在 1% 和 5% 的显著性水平下平稳，说明需求函数各变量均为一阶单整序列。

表 10-1　　　　　　　　供给与需求变量的平稳性检验结果

变量	检验类型 (C，T/N，K)	ADF 统计量	临界值 (1%)	临界值 (5%)	临界值 (10%)	结论
ln(Y)	(C，N，4)	1.0272	-2.6857	-1.9591	-1.6075	不平稳
Δln(Y)	(C，T，4)	-4.375 ***	-3.8315	-3.0300	-2.6552	平稳
ln(ARE)	(C，N，4)	1.6405	-2.6857	-1.9591	-1.6075	不平稳
Δln(ARE)	(C，T，4)	-3.1316 **	-3.8315	-3.0300	-2.6552	平稳
ln(FER)	(C，N，4)	1.9387	-2.6924	-1.9602	-1.6071	不平稳
Δln(FER)	(C，T，4)	-1.7791 *	-2.6924	-1.9602	-1.6071	平稳
ln(GP)	(C，N，4)	2.1217	-2.6857	-1.9591	-1.6075	不平稳
Δln(GP)	(C，T，4)	-3.1718 **	-3.9591	-3.0810	-2.6813	平稳
ln(DIS)	(C，N，4)	-0.4342	-2.6998	-1.9614	-1.6066	不平稳
Δln(DIS)	(C，T，4)	-5.2770 ***	-3.8574	-3.0404	-2.6606	平稳
ln(PGC)	(C，N，4)	-1.3308	-2.6857	-1.9591	-1.6075	不平稳
Δln(PGC)	(C，T，4)	-4.5567 ***	-4.5326	-3.6736	-3.2774	平稳
ln(GPI)	(C，N，1)	1.5391	-2.6924	-1.9602	-1.6071	不平稳
Δln(GPI)	(C，T，3)	-3.5003 **	-3.9204	-3.0656	-2.6735	平稳
ln(GP)	(C，N，0)	-0.0625	-2.6857	-1.9591	-1.6075	不平稳
Δln(GP)	(C，T，0)	-4.0025 ***	-3.8315	-3.0310	-2.6552	平稳

注：（1）检验类型（C，T/N，K）表示单位根检验方程包括常数项、时间趋势和滞后阶数，N 是指不包括 C 或 T；（2）*** 表示 1% 的显著性水平，** 表示 5% 的显著性水平，* 表示 10% 的显著性水平；（3）Δ 表示序列的一阶差分。

　　在平稳性检验基础上，需要考察自变量与因变量之间是否存在稳定的长期均衡关系，即是否存在协整关系。本书采用回归方程的残差序列进行单位根检验，以判断因变量与自变量之间的协整关系。供给函数与需求函数的检验结果表明（见表 10-2），供给与需求函数各变量分别在 99% 和 95% 的置信水平下，通过单位根检验，即残差序列平稳，可以进行回归分析。

表 10 - 2   **残差序列 ADF 检验结果**

	检验类型 （C，T/N，K）	ADF 统计量	临界值 （1%）	临界值 （5%）	临界值 （10%）	结论
供给函数残差序 列存在单位根	（C，N，0）	- 4.2132 ***	- 3.4592	- 2.8963	- 2.5989	平稳
需求函数残差序列 存在单位根	（C，N，1）	- 2.2659 **	- 2.6417	- 2.0153	- 1.5206	平稳

注：*** 代表1%的显著性水平，** 代表5%的显著性水平，* 代表10%的显著性水平。

二 粮食供求价格弹性及收入弹性估计

（一）粮食供给价格弹性

采用改进的柯布—道格拉斯生产函数估计粮食价格的供给弹性，最常用的模型是双对数模型。产量方程如下：

$$\ln Y = b_0 + b_1 \ln IRR_t + b_2 \ln FER_t + b_3 \ln DIS_t + b_4 \ln ARE_t + b_5 PG_t + U_t$$

$$(10.6)$$

其中，Y 代表粮食产量，IRR_t 指的是粮食灌溉面积，FER_t 指的是本种植年度的化肥投入，DIS_t 指的是本种植年度粮食受灾面积，ARE_t 指的是粮食种植面积，PG_t 指的是粮食价格。使用软件为 Eviews 6.0，估计粮食生产的双对数回归方程如下：

$$\ln(Y) = -7.02 + 0.584 \ln IRR_t + 0.344 \ln FER_t - 0.131 \ln DIS_t + 1.899 \ln ARE_t +$$
$$(2.012^{**})\ (1.968^{*})\ (4.326^{***})\ (-2.86^{***})\ (3.131^{***})$$

$$0.071 \ln PG_t$$
$$(2.62^{***}) \tag{10.7}$$

$$R^2 = 0.68 \qquad F = 36.647$$

说明：* significant at 10%，** significant at 5%，*** significant at 1%。

主要变量的估计系数通过检验，预测方程 R^2 的值为 0.68，拟合度较好。主要变量的系数在 1%—10% 的范围内显著。产量方程的回归结果显示，粮食的自价格弹性值为 0.071，表明粮食价格上涨 10%，粮食产量只增加 0.71%。

（二）粮食需求价格弹性及收入弹性

人均粮食消费估计采用如下模型：

$$\ln PGC_t = b_0 + b_1 \ln GPI_t + b_2 \ln PG_t + U_t \tag{10.8}$$

其中，PGC_t 是指人均粮食消费量，GPI_t 是指人均实际收入，PG_t 是指粮食实际价格。

估计我国人均粮食消费量对数回归方程如下：

$$\ln(PGC_t) = 9.285 - 0.427\ln(PG_t) - 0.234\ln(GPI_t)$$
$$(8.923^{***})\quad(-2.342^{**})\quad(-3.740^{***}) \tag{10.9}$$
$$R^2 = 0.87 \qquad F = 65.459$$

估计结果显示，方程拟合度良好，为 0.87。主要变量的系数分别在 1%—5% 的范围内显著。粮食需求价格弹性为 -0.427，这意味着，当粮食价格上涨 10%，粮食人均消费量将减少 4.27%。需求收入弹性为负且影响显著，估计系数为 -0.234，意味着实际收入增加 10%，粮食人均消费量将减少 2.34%。

（三）K 值与 Z 值确定

新技术折旧率、新技术采纳率、新技术成功率等参数是确定 K 值所需的重要参数。技术采纳率作为确定经济剩余变动幅度的重要因素，本书借鉴李艳华，奉公（2010）对全国 31 个省份农户调研的成果，设定农户技术采纳率为 50.9%。新技术的专利保护期为 20 年，按照直线折旧法，则每年新技术的折旧率为 5%。出口需求弹性的确定借鉴曹春柳（2008）的分析，出口需求弹性为 1.35。

第四节　实证结果分析

利用估计得到的粮食供给价格弹性值 εA 为 0.071、需求价格弹性绝对值 ηA 为 0.234、技术折旧率 dt 为 0.05、技术采用率 At 为 50.9%、出口需求弹性 ηrow 为 1.35 等变量值，将其代入模型（10.4）和模型（10.5），获得 Z 值和 K 值，根据 1978—2011 年粮食消费量、粮食产量、国际粮食价格等统计数据，运用模型（10.1）和模型（10.2），分别得到消费者剩余和生产者剩余，两者之和即为大国开放条件下农业技术进步的总经济剩余。

第一，总体来看，大国开放条件下农业技术进步促进了社会福利状况的改善，说明农业技术进步具有产量（收入）效应。如表 10-3 所示，

1978—2011 年的 34 年间，农业技术进步总的经济福利累计为 221.64 亿美元。农业技术进步对消费者和生产者福利的增进都产生了积极影响，消费者剩余累计为 60.78 亿美元，占经济总剩余的 27.42%；生产者剩余累计为 160.86 亿美元，占经济总剩余的 72.58%；农户获得了绝大多数经济剩余，反映出大国开放条件下技术进步并不具有"踏车效应"。究其原因，首先，在开放条件下，农业技术进步促使单产的增加以及（或）成本的下降能够通过出口抵消产品价格下降带来的负面影响，即产量提高所具有的规模经济效应提高了总的经济福利。其次，产量增加引起出口供给增加，其他国家的消费者购买了额外的产品，提高了我国粮食产业在国际市场中的地位，增加了国际市场份额，生产者从技术进步中获益，同时也反映了农业技术进步的收入效应。

第二，农业技术进步不仅具有产量（收入）效应，而且具有分配效应。农业技术进步的福利分配效应在大国开放条件下更有利于生产者。生产者与消费者福利分配的比例大致是 7:3，而封闭条件下农业技术的进步导致农户福利恶化，黄季焜与胡瑞法的研究也发现了类似的结果（见表 10-3），反映出商品市场的开放有利于技术进步租金的外溢，这主要是由于农业技术进步不仅对产品市场产生影响，也会引起要素市场关系的改变。农户在追求利润最大化或成本最小化过程中，对不同供给弹性资源的价格做出反应，用廉价生产要素替代昂贵生产要素，从而形成不同技术进步类型（主要为生物化学型技术进步与机械型技术进步），即农业技术进步并不是沿中性技术进步轨迹演进，而是有偏的。另外，技术进步偏向性是价格效应和市场规模效应两种力量综合作用的结果。前者导致技术进步偏向于相对稀缺的要素；而后者则导致技术进步偏向于相对丰富的要素。其主要通过要素相对价格的变动作用于农户的技术采用行为。技术进步偏向性体现了要素相对回报的动态发展趋势，直接影响经济福利在要素间的分配，农户对要素市场的改变主要是通过采用作为要素节约型的农业技术，要素价格下降的速度快于产品价格下降的速度，农户的生产者剩余增加。对产品市场的影响主要是通过初始产出的增加，导致供给曲线外移。由于加入世界贸易组织我国粮食在国际市场中所占份额大幅度增加，但本国出口的初始产出较低，供给增加并未导致国际市场价格的大规模下降，而出口量的增加，提高了生产者剩余的份额。

表 10 – 3　　　　　　不同市场开放程度下生产者与消费者的福利变化　　　　单位:%

市场	不同市场开放程度		福利分配变化	
	开放程度	开放程度	生产者剩余	消费者剩余
A	50	50	25	75
B	60	40	41	59
C	70	30	52	48

　　第三，粮食进出口对技术进步的福利分配效应产生积极影响。1978—1998 年，我国粮食产量除小幅波动外整体持续增长，由 30476 万吨增至 51230 万吨，出口量也相应由 188 万吨增至 906 万吨，经济剩余保持在较高的水平，达到 3. 229 亿美元；1998—2003 年，我国粮食出口量由 906 万吨升至 2221 万吨，经济剩余增加至 14. 136 亿美元；而 2004—2011 年粮食出口量逐年波动减少，2008 年出口额仅为 228 万吨，总的经济剩余为 3. 271 亿美元。由于我国农业技术进步导致产量增加的有限性，虽然我国在国际贸易中的份额提高，但并未高至导致贸易条件恶化的程度。因此，确定最优出口量有利于我国农户的福利最大化。此外，为了降低运输成本，最近几年来，我国加大了从越南、菲律宾等国的进口力度，物流流程由南北方粮食生产资源的大规模空间转移转变为北方出口至国外，南方由越南等国家进口的格局，反映了对外开放新形势下对国际粮食市场资源的利用，这在一定程度上也提高了我国的经济剩余。

　　第四，随着农业技术进步的不断发展，消费者福利呈上升趋势，技术进步使得消费者福利得到改善，即技术进步与消费者福利变动具有正向作用关系（见表 10 – 4）。消费者剩余整体保持增长态势，消费者福利水平不断提高，从另一个角度证明了"技术进步—粮食价格下降—CPI 变动—消费行为变动—利益主体福利变化"这一链条作用机制的存在。据统计显示，我国城镇居民 2012 年第四季度食物消费占居民消费比重为 35. 41%[1]，城镇居民作为粮食的净消费者，粮食与食品消费占城镇居民消费构成的比例较大，技术进步促使粮食价格降低，使得中低收入居民粮食的可得性大大增加，从而提高其福利水平。此外，粮食需求弹性较低，

---

　　[1]　《2012 年城镇居民食品消费分析》，艾格农业数据库（CN agri. dataset），http: // www. cnagri. com/shipin/aigeshidian/20130422/234617. html。

技术进步使得供给增加，供给曲线右移，由于人们粮食消费需求的稳定性，对粮食的需求基本不会因为市场价格的变动发生巨大的改变，因此需求曲线不变，粮食价格下降，技术进步具有的产量效应使得消费者以更低价格消费了更多商品，从而促使消费者剩余增加，这与 Hayami 和 Herdt 的研究结论相一致。

表 10 - 4　　　　　　　　　粮食技术进步的福利变动情况

年份	消费者剩余（亿美元）	生产者剩余（亿美元）	经济剩余（亿美元）	年份	消费者剩余（亿美元）	生产者剩余（亿美元）	经济剩余（亿美元）
1978	0.475	1.021	1.496	1996	1.224	3.570	4.794
1979	0.620	1.341	1.961	1997	1.018	2.975	3.993
1980	0.085	0.143	0.228	1998	0.838	2.461	3.299
1981	0.065	0.099	0.164	1999	0.675	1.983	2.658
1982	5.218	12.835	18.053	2000	3.215	8.777	11.992
1983	0.209	0.571	0.780	2001	3.277	8.958	12.235
1984	0.125	0.351	0.476	2002	1.798	5.052	6.85
1985	9.316	22.461	31.777	2003	3.799	10.337	14.136
1986	2.013	5.112	7.125	2004	1.578	4.551	6.129
1987	1.315	3.410	4.725	2005	1.093	3.196	4.289
1988	5.418	13.623	19.041	2006	0.891	2.619	3.51
1989	3.772	9.660	13.432	2007	0.851	2.504	3.355
1990	0.964	2.616	3.580	2008	0.832	2.439	3.271
1991	0.817	2.235	3.052	2009	0.825	2.413	3.238
1992	0.610	1.705	2.315	2010	0.795	2.294	3.089
1993	0.983	2.738	3.721	2011	0.726	2.028	2.754
1994	2.924	7.990	10.914				
1995	2.410	6.791	9.201				

第五节　结论与启示

　　基于1978—2011年粮食生产、消费以及价格波动相关数据，本书运用 Akino 和 Hayami 福利效应模型，以粮食为例对技术进步的福利效应进行实证分析。具体结论如下：大国开放条件下，技术进步促进了社会整体福利改善。粮食进出口贸易量对技术进步的福利分配效应产生积极影响，但是技术进步导致经济剩余的增加在生产者和消费者之间的分配是非均衡的，随着贸易量的增加，技术进步的福利效应偏好于生产者。因此，在农业国际化进程加快背景下，我国应实施积极的农产品贸易战略，加大农产品技术的科研投入力度，加速要素节约型和需求弹性大农业新技术的研发，在保障国家粮食安全前提下，政府应积极扩大对外开放度，促使我国农业科研和技术创新获得外在规模经济，增加粮食出口，减少贸易摩擦，增加粮食生产者的福利。

此外，基于大国开放条件下的研究思路更加符合我国加入世界贸易组织后对外开放度不断增加的实际，弥补了仅从开放条件下分析农业技术进步的局限性，开放条件下与封闭条件下相比，农业技术进步有助于提高农户的福利效应，有效地解决了农户增产不增收的困境，为今后我国粮食产业政策的制定、促进粮农增收提供实证依据。因此，对于我国在国际市场有影响力的农产品研发福利效应分析也适于采用大国开放条件下的福利效应模型进行分析。

第十一章 国际粮食价格波动背景下关税变动的福利效应分析

关税是调节国内外经济的重要工具，是国际贸易政策中不可或缺的调节器和指示器。近几年的粮食危机导致粮价疯长，主要粮食出口国均采取相关措施限制本国粮食出口，包括严禁出口，限制出口配额或者征收高额关税。2007 年，国际大米市场价格涨幅约 16%，国际大米价格加速上涨，迅速超过国内米价，而国内大米市场价格涨幅仅约 7%，国内外大米价差呈现不断扩大态势，从而带动了我国大米出口的快速增长，推动了国内米价上涨预期。2008 年，国际大米市场价格先上涨后大幅回落，而国内大米市场价格则延续 2007 年的价格态势，持续上升后小幅下降。2009 年，国际大米市场价格涨幅相当于国内大米市场价格涨幅的两倍多。2010 年后，两个市场大米价格上涨趋势趋于一致，但国内大米市场价格涨幅却是国际大米市场价格涨幅的两倍多。国内外大米市场价格呈现较为显著差异，甚至出现相反的涨跌方向。

针对这一情况，2007 年年底，为了保证国内粮食安全，控制粮食价格上涨，财政部等部门宣布对玉米、稻谷、大米、大豆出口以 5% 的暂定税率征收关税。旨在通过税收杠杆抑制增长过快的大米出口，防止国际大米价格高涨风险通过出口渠道被传递至国内，稳定国内米价。而 2008 年下半年，国内连续五年实现粮食丰收，大米滞销，政策开始转向，粮食产品出口管制放松，大米关税暂定税率下调为 3%，但是并未取消。自 2009 年 7 月 1 日起，根据新的国际粮价状况，国家取消了大米的出口暂定关税。关税政策的频繁变动必然影响国内大米价格，进而对市场参与者及整个社会福利产生影响，这种福利变化主要是通过生产者剩余和消费者剩余的变化，从而引起国内各利益主体的福利变化。因此，在国际大米价格波动背景下，考察关税变化的福利分配效应，可为政府制定大米国际贸易政策提供理论依据，对于促进社会福利最大化无疑具有重要的意义。

第一节 基于关税变动的福利效应文献综述

随着世界经济一体化趋势的增强，对国际贸易理论的研究受到人们普遍关注。关税调整的福利效应是对关税政策的重要评估。传统贸易理论中有关关税的理论支持已不能适应现实发展的需要。学者对关税政策的研究主要形成两种观点：一种是一国的进口或出口商品在世界市场上占有较高比重时，可以通过征收适当的进口税或出口税来提高本国的福利（Johnson，1953）；另一种则从规模经济和不完全竞争视角提出政府干预的合理性，通过运用关税、补贴等贸易政策措施提高一国的贸易福利（Salvatore，1995）。在此基础上，学者讨论了最优关税的确定，以减少关税造成的扭曲效应。新贸易理论主要对关税政策进行定性分析，Takayama 和 Judge（1964）开创了贸易政策效果的定量化研究。之后，Durand‐Morat 和 Wailes（2003）以及 A. M. Ataman 和 C. B. John（2004）对世界主要稻米进出口国实现贸易自由化后的进出口价格、贸易额和福利变化进行了模拟分析。Wailes（2004）分析了多哈回合多边谈判对美国福利效应的影响，结果表明，政策改革使国际大米贸易增加15%，出口价格增加33%，而进口价格降低14%，全球福利增加了74亿美元。之后，Durand‐Morat 和 Wailes（2010）在前人的基础上对 RICEFLOW 模型以及 AGRM 模型（Arkansas Global Rice model）特点与应用性进行了全面分析。

在国内研究方面，学者主要从理论角度分析了关税变动对进口、收支、汇率、生产、消费等主要经济变量的冲击以及对居民福利变动的影响，考察了关税税率调整的经济效应（田志宏，2001；李永海，2006；张颖，2007；师冰洁，2012）。研究发现，增加关税会导致经济扭曲，通货膨胀以及居民福利的恶化（王胜等，2004a），学者引入关税冲击的不确定性分析，研究发现，关税与货币政策相结合可以更好地调控宏观经济，促进社会整体福利的改进（王胜和邹恒甫，2004b；张广和金钟范，2012）。实证分析方面，辛佳临（2010）采用局部均衡理论推导我国大米价格决定的矩阵方程，建立了价格决定的联立方程模型，对市场经济条件下大米价格形成的影响因素进行了分析与测算，最后对 2008 年征收大米出口关税的政策效果进行了局部均衡福利分析，对其引起的各利益主体福利变化进行了量化，并进行了不同假定方案下的政策模拟研究。陶红军（2013）采用 Kohli（1991）的 GDP 最优模型，估算世界农产品进口前 20 位国家 318 种农产品的进口价格弹性、农产品贸易限制性指数以及农产品进口关税导致的净福利损失。研究发现，一国农产品进口价格弹性与 GDP 大小正相关，与其发达程度则没有显著性相关关系。孟冬梅和江绍政（2013）利用 Armington 模型估计 1993—2011 年我国进口大豆与国产大豆的替代弹性，并计算了由于进口价格变化、关税变动等因素导致的中国大豆进口的福利波动。从短期看，大豆进口引起的福利波动可能更多的是因"大国效应"导致的进口价格上升；从长期看，大豆较高的替代弹性会导致进口大豆对国内生产的冲击，产生更多的福利损失。

从现有研究看，学者主要关注于不同市场结构关税政策的适应性研究，并取得了一定的研究成果，然而，针对特定市场环境，实证分析现有关税政策福利效应的文献尚不多见。此外，大量文献围绕总体关税政策展开，鲜见专门针对某种粮食关税税率变动的福利分析。因此，本书在局部均衡分析的基础上，采用开放条件下的大国经济剩余模型，探讨关税水平变动的经济福利效应并进行分解，考察不同关税税率水平下，生产者剩余、消费者剩余、政府收益、贸易条件、国内效率、国内净收益等的变化，以期为政府制定粮食贸易政策和关税调控机制提供理论和实证依据。

第二节　关税变动的福利效应理论模型

经济剩余模型已被广泛地应用于衡量局部均衡框架下农业贸易的福利效应（S. M. F. Islam and G. W. Norton，2007；Bayer，2007；Mishra，2003）。该模型主要优点是它不需要复杂的模型以及大量的数据就可以比较准确地推导出相关的政策含义。为了能精确地衡量福利变动，Harberger（1971）提出了该模型的三大前提条件：（1）每单位竞争性需求价格衡量每单位进口价值；（2）每单位竞争性供给价格衡量每单位出口价值；（3）计量某一项目、工程、商品或政策的净收益或成本时，该项目每一单位的成本收益都应纳入考虑范围。除此之外，该模型还应符合以下假设条件：（1）采用静态模型而非动态模型；（2）竞争性市场出清，因此，大米供给需求曲线为线性并随市场价格的变动而变动；（3）大米产品同质（Tsakok，1990）。大米关税变动所导致的生产者和消费者剩余变化如图 11 - 1 所示。为了研究的方便，本书假定关税是限制进口的唯一举措，且两个国家只进行单一产品贸易。

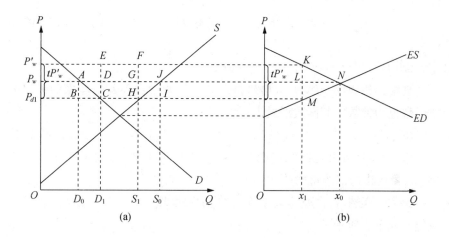

图 11 - 1　大米出口关税的福利效应模型

我国作为世界大米第一大生产和消费国，世界第六大大米出口国，中国大米出口将影响大米的供给，进而对世界大米市场产生重要影响，因此，对我国大米关税变动及其效应的研究置于开放经济条件下进行更符合当前的实际。本书采用开放条件下的大国经济模型，图 11 - 1（a）中，D 和 S 分别表示大米的国内需求和国内供给曲线。它们之间的水平距离即为国外市场的出口量。图 11 - 1（b）描述了中国的出口供给量，为 ES，与国际市场的需求量相交，为 ED。

如果没有出口关税，大米的国内市场价格 P_d，等于国际市场价格 P_w，国内生产者供给量为 S_0，国内消费量为 D_0。多余的供给量为 $S_0 - D_0$，为大米的出口量。中国对大米出口征收从价税率 t 将国际大米市场价格提高到 P'_w，并将国内价格降低到 $P_{d1} = (1 - t) P'_w$，与降低的国内价格相对应的是，国内需求量增加到 D_1，而国内供给量和出口量则分别降到 S_1 和 $S_1 - D_1$。根据典型的农产品贸易分析方法，大米需求与供给函数的弹性为常数（Demont and Tollens，2002；Hayami，1979；Hayami and Godo，1979；Otusuka and Hayami，1985）：

$$D(P) = aP_w^{-\eta} \tag{11.1}$$

$$S(P) = bP_w^\beta \tag{11.2}$$

其中，D 和 S 分别表示国内大米需求量和供给量，a 和 b 分别表示需求函数与供给函数的斜率，$-\eta$ 和 β 分别表示大米国内需求与国内供给弹性，P_w 是在没有关税情况下的国际大米价格。

无关税条件下的大米出口供给函数可通过模型（11.1）和模型（11.2），得到：

$$ES(P) = S(P) - D(P) = bP_w^\beta - aP_w^{-\eta} \tag{11.3}$$

其中，ES 表示中国大米出口量。此外，假设世界其他国家的出口需求函数也为常数，其函数形式为：

$$ED(P) = cP_w^{-\eta} \tag{11.4}$$

ED 表示世界其他国家对中国大米的出口需求量，c 是需求函数的斜率，$-\lambda$ 为出口需求价格弹性。

无关税条件下的国际大米均衡价格由模型（11.3）与模型（11.4）决定，如下式所示：

$$bP_w^\beta - aP_w^{-\eta} = cP_w^{-\lambda} \tag{11.5}$$

征收出口关税导致国内价格下降，农户福利损失模型为：

$$areaHJP_wP_{d1} = \int_{P_{d1}}^{R_0} bP^\beta dP = \frac{S_1}{(1+\beta)\left[(1-t)P'_w\right]^\beta}\{P_w^{1+\beta} - \left[(1-t)P'_w\right]^{1+\beta}\} \tag{11.6}$$

农户损失转嫁到国内消费者的部分为：

$$areaACP_{d1}P_w = \int_{P_{d1}}^{P_w} aP^{-\eta} dP = \frac{D_1}{(1-\eta)\left[(1-t)P'_w\right]^{-\eta}}\{P_w^{1-\eta} - \left[(1-t)P'_w\right]^{1-\eta}\} \tag{11.7}$$

政府出口税收入与出口配额持有者的租金部分则为：

$$areaCEFH = (S_1 - D_1)tP'_w \tag{11.8}$$

由于关税导致国际大米价格由 P_w 提高至 P'_w，出口税收收入与配额租金包括贸易条件的改善等于：

$$areaEFDG = (S_1 - D_1)(P'_w - P_w) \tag{11.9}$$

征收关税导致的国内生产与消费效率的损失，表达式分别为：

$$areaHGJ = \frac{S_1}{(1+\beta)\left[(1-t)P'_w\right]^\beta}\left[P_w^{1+\beta} - \left[(1-t)P'_w\right]^{1+\beta}\right] -$$
$$\left[P_w - (1-t)P'_w\right]S_1 \tag{11.10}$$

$$areaADC = \left[P_w - (1-t)P'_w \right]D_1 - \frac{D_1}{(1-\eta)\left[(1-t)P'_w\right]^{-\eta}}$$

$$\left[P_w^{1-\eta} - \left[(1-t)P'_w\right]^{1-\eta} \right] \tag{11.11}$$

同时，国家失去了挣取外汇的机会，其数量为：

$$areaADD_1D_0 + areaGJS_0S_1 - areaDEFG = P_w(D_1 - D_0 + S_0 - S_1) - (S_1 -$$
$$D_1)(P'_w - P^w) \tag{11.12}$$

因此，本书对出口关税政策的实施效果进行局部福利均衡分析，定量测算其引起各主体福利变化的大小。鉴于福利变化的定量测算须建立在大米价格决定模型基础上，本书综合考虑影响国内米价的各种因素，确定模型参数。对大米出口征税，在大国条件下既有可能导致社会福利的增加，也有可能导致社会福利的损失，其主要取决于外国消费者转嫁的福利与贸易条件改善以及国内效率损失之间的比较，即区域 EFDG – (areaHGJ + areaADC) 值的大小。在这一假设条件下，当关税税率确定在最佳水平时，关税税率等于出口需求弹性倒数的绝对值时即可达到社会福利最大化。本书所用模型为静态模型，主要用于模拟分析制度结构变化对福利效应的影响。

第三节　大米关税变动对相关主体福利影响的实证分析

一　模型参数的确定

测算大米出口关税变动的福利效应，首先需要确定三个主要变量值，即国内大米的供给价格弹性、国内大米的需求价格弹性以及出口需求弹性，具体方法如下：

（一）大米供给价格弹性估计

对大米供给价格弹性的估计，林毅夫（1997）、黄季琨（1996）、王德文（2001）采用 Nerlove 模型测算了大米供给价格弹性，得出了范围在 0.17—0.52 之间的结论；董国新（2007）通过构建区域供求均衡分析模型（GSDM 模型）和设计低增长率、基准、高增长率三种情景方案从全国和地区两个层面对未来 20 年我国粮食供求变化趋势进行模拟分析；Zhuang 等（2007）估计了 1978—2001 年稻谷的供给弹性为 0.174，苗珊珊等（2011a）采用误差修正模型估算了全国水平1986—2008年的稻谷供给弹性为0.0375，同时，苗珊珊等（2011b）还采用多市场局部均衡模型，测算1991—2008年大米的供给弹性，得出大米单产的短期弹性为0.046，大米种植面积的短期弹性为0.161的结论。以往的研究中，还有一些采用家户调查数据或分城市或乡村的家户调查数据，测算某省2—5年的稻谷供给弹性（Lewis and Andrews，1989；He and Tian，2000）。鉴于苗珊珊等的研究涵盖的时间序列较长，并采用全国层次的数据进行研究，本书采用其研究结果，大米供给价格弹性为0.0375。

（二）大米需求价格弹性估计

Huang 和 Rozelle（1995）估算了粮食的需求价格弹性为 - 0.52，收入弹性为0.86。Hsu 等（2002）分别估算了城乡消费者的需求自价格弹性，城市消费者为 - 0.16，农村消费者为 - 0.37，城乡消费者的需求收入弹性分别为0.11和0.32。Halbrendt 等（1994）估计广东省的粮食需求弹性为 - 0.233，支出弹性为0.575。Liu 和 Chern（2001）估算了江苏省的食品消费情况，测算了大米的自价格弹性在0.894—1.203之间、大米的支出弹性在1.107—1.345的结论。Zhuang（2007）测算的稻谷需求收入弹性结果为0.339，苗珊珊等（2011a）测算的稻谷需求价格弹性为 - 0.0542，采用多市场均衡模型测算的农村和城市地区大米需求价格弹性分别为 - 0.115 和 - 0.140，需求收入弹性分别为 - 0.157 和 - 0.216（苗珊珊等，2011b）。同样，从时间跨度及数据层面考虑，借鉴苗珊珊等（2011a）研究结论，大米的需求价格弹性为 - 0.0542。

（三）大米出口需求弹性的估计

Zhuang 等（2001）研究得出我国贸易弹性值的绝对值在1.031—14.50之间，在大米国际贸易中具有大国地位。苗珊珊（2011a）根据 Vida - Lina Esperanza B. Alpuerto（2008）的研究方法，采用1986—1987年弧弹性值反映我国大米出口需求弹性的平均状况，为 - 4.2279。Hansen 等（2011）采用 USDA - ERS 中国模型测算1990—2009年大米的消费者价格出口需求弹性为 - 2。考虑数据的时效性及估计方法的先进性，采用 Hansen et al. 的估计结果。

二 福利效应分析

利用上文大米需求价格弹性绝对值 η_A0.0542、供给价格弹性值 ε_A0.0375、出口需求弹性 η_{row} - 2 等变量值，运用福利效应模型，以及2007

年和2008年国际大米价格、国内大米价格、国内大米消费量、国内大米产量等统计数据，分别得到消费者剩余、生产者损失、政府收入、贸易条件等数据。我国大米关税的福利变动情况具体测算结果如表11-1所示。

表11-1　　　　　　　　　　大米关税的福利变动情况　　　　单位：万美元

模拟模型		税率 5%	税率 3%
关税的福利效应		-1108.20	1189.57
生产者损失	（6）	1385.03	3397.057
消费者剩余	（7）	621.03	2925.34
政府收益	（8）	53.67	1714.04
贸易条件	（9）	293.78	733.25
国内效率损失	（10）+（11）	537.26	208.52
国内净收益	（9）-（10）-（11）	-243.47	524.73
汇率损失	（12）	154.40	577.49

　　总体来看，关税降低促进了社会整体经济福利的改善，经济剩余增加了2297.97万美元，促进了消费者剩余的增加，但导致生产者福利的损失，国内净收益增加。关税税率在5%条件下，生产者福利损失为1385万美元，消费者剩余为621万美元；当税率下降为3%时，生产者的福利损失为3397万美元，消费者剩余为2925万美元。导致这一现象的主要原因是关税税率降低的调节作用不足以改变由于供给缺乏弹性导致的价格黏性，加上国际大米价格的剧烈波动，2007年1月至2008年1月，国际大米价格上涨26%；2008年3—6月大米价格在3个月内急剧上涨了158%，于2008年4月达到历史顶峰。受大米国际市场价格高涨影响，国内相关产品价格也水涨船高，而生产者面临的国际大米市场价格却千变万化，到2008年12月，大米的价格又迅速跌入谷底，与顶峰相比下降了45%。从而导致生产者损失的扩大。从实证检验可知，在5%的关税税率水平下，社会总福利为-1108万美元；而税率为3%水平时，社会总体福利为1190万美元，降低关税税率促使社会整体福利水平提高，其原因是消费者福利增加的幅度超过了生产者损失和政府收益等的损失，但这并不符合帕累托改进条件，因为三方福利效应的变化方向是相反的，关税变动的福利效应其实质是三者福利变动的权衡，这与传统的国际贸易理论所认为的

征收关税导致一个国家净福利损失有所区别。

　　税率在 5% 条件下，政府通过大米关税的福利传导效应获得额外福利 54 万美元，由于政策需要，为了促进大米出口，政府降低关税至 3%，关税的降低刺激了出口，导致政府福利增加至 1714 万美元，在一定程度上验证了以往 Mutsumi（1995）的研究结论，降低税率对关税税收的影响是不确定的。关税收入受到关税税率降低、进口量扩大的综合影响。贸易条件方面，关税税率在 5% 的水平时，所获得经济福利为 294 万美元，随着关税水平的降低，贸易条件的改善，福利水平增加至 733 万美元。关税征收导致了国内净效率的损失，在 5% 税率水平下，净效率损失为 537 万美元，随着税率水平的下降，国内效率损失随之减少，为 209 万美元。总体而言，在关税税率为 5% 时，由于国内效率的损失大于贸易条件的改善，导致国内净收益为 - 243 万美元，随着关税水平的降低，国内净收益增加，为 525 万美元。由此可知，关税水平的降低有利于提高国家的整体经济效率水平。但征收关税将导致潜在的外汇收益损失。在 5% 的关税水平下，汇率损失为 154 万美元；而在 3% 的关税水平下，汇率损失为 577 万美元。需要引起注意的是，关税降低导致生产者的巨大损失，税率降低两个百分点，将导致生产者损失增加 2012.027 万美元。此外，税率降低所导致的产量损失、农村劳动力转移、资源等的重新配置等都是需要综合考虑的问题，尤其是大米作为涉及国家粮食安全的战略性商品，因此，税率的确定需要综合考虑产业性质、国家经济发展水平等方面的因素。通常情况下，各国政府更多以生产者福利和政府福利的增加为主要考虑因素，往往忽略消费者福利以及整体福利的改进，关税壁垒成为各国政府保护本国产业的主要武器。

　　由以上分析可知，福利水平的变动不仅由关税税率水平决定，出口需求弹性的变动、国内供给与需求弹性的变动都会导致福利水平的变化。在国际大米价格剧烈波动背景下，情况更为复杂。通过不同关税税率比较可以发现，在大国条件下，国内供给与需求弹性增加，生产者损失与消费者剩余的绝对值将会减少，贸易条件收益与国内效率损失将同时增加。因此，大米最优关税税率的确定，是决策人对生产者效应、消费者效应以及政府财政收入效应综合衡量的结果，应反映税率水平的变化对不同主体带来的不同影响。当关税税率降低时，消费者效应增大，而生产者蒙受损失。政府的收益则由税率降低的损失、国内贸易条件的改善、国内效率损失等综合效应决定。关税税率等于出口需求弹性倒数的绝对值时即可达到社会福利最大化。大米作为出口需求弹性较小的商品，大米关税定在接近最佳水平，社会净收益增加。究其原因，国内供给与需求弹性的变动引致贸易条件改善的收益将大于国内效率的损失，从而增加了社会的整体收益。而如果所订关税税率大大高于或低于最佳税率，将会导致社会福利的净损失，在高税率情境下，粮食作为低供给与需求弹性的商品，保持高的出口关税水平不变，政府将会获得更高的收益，而整体福利水平将会降低，商品需求弹性越大，征税造成的扭曲越严重。因此，关税调整需要从寻找最优关税，尽量减小高关税带来的扭曲入手，扩大市场份额，加大战略性商品的规模化。

第四节　结论与政策启示

基于国际大米价格剧烈波动的背景，本书运用大米生产、消费以及价格波动的相关数据，运用开放经济条件下的大国经济剩余模型对大米关税变动的福利效应进行实证分析。具体结论如下：

第一，在大米价格剧烈波动背景下，关税税率变动导致经济剩余在生产者、消费者与政府之间的分配是非均衡的，对生产者福利损失较大，更有利于政府与消费者。政府收益受税率降低的损失、国内贸易条件的改善、国内效率损失等因素的综合影响。在大米产业技术进步率给定的前提下，关税税率变动带来的福利效应在不同主体之间的分配主要取决于大米供给弹性、需求弹性以及出口需求弹性的变动。而从国内生产角度考虑，降低关税将导致国内相关产业受损。因此，政府应兼顾贸易自由化和产业保护的要求，确保大米生产的稳步发展。

第二，在一定条件下，降低关税税率可以增加消费者剩余与政府收益，改善贸易条件，减少国内效率损失，促使国内净收益增加。总的来看，增加的总收益能够抵消对生产者和国家财政带来的负面影响，从而促进经济总剩余的增加和整体社会福利的改善，但降低税率将导致汇率损失大大增加。因此，在价格剧烈波动情况下，政府关税政策、货币政策和汇率政策的配合使用，将有利于宏观经济的平稳运行，促进本国社会福利的最大化。

第三，在大国开放条件下，降低关税税率后消费者、政府财政和生产者三方的福利变化是不同的，其中一方或两方经济福利的增加必然导致另外两方或一方经济福利的减少，不能满足"帕累托改进"条件。因此，政府需要权衡处理社会福利在不同主体之间的分配以及整体社会福利最大化下的经济效率问题，实现利益均衡。

第十二章 结论与建议

本书主要基于我国粮食生产分工格局的现实，对我国粮食主产区、产销平衡区和主销区粮食产量弹性和需求弹性进行分析基础上，进一步借鉴 Minot 和 Goletti 提出的农作物价格变动短期和长期的福利效应模型，测算了我国三大区域粮食价格波动的短期和长期福利，并比较分析价格波动对三大区域短期和长期福利的影响程度。在此基础上，探讨了价格波动对不同主体的影响及其影响机理，以期为提高我国粮食生产能力，保障粮食安全提供有效途径，进而为政府及相关部门调控粮食价格、解决我国因粮食价格波动导致区域利益冲突提供依据。

第一节 基本结论

（1）无论是主产区还是产销平衡区和主销区，粮食播种面积都是增加粮食产量最为关键的因素，粮食生产价格也在很大程度对三大区域粮食产量产生影响，但三大区域粮食产量的影响因素及其程度差异较大。主产区每增加 1 单位化肥施用量就会带来 0.420 单位粮食产量的增加；产销平衡区和主销区受农业机械总动力影响较大；而农业财政支出和成灾面积对产销平衡区的负向作用也不容忽视。

（2）总体福利变动主要由 PR 值和 CR 值决定，PR 值作为粮食产值占总收入的比重，它是种植规模的一种量化表示。PR 值处于一个逐年递减过程，意味着价格上涨带来福利的增加处于递减状态中；CR 值代表粮食消费占总支出的比重，随着收入水平的提高，CR 值也处于逐年递减过程，由于粮食属于生活必需品，CR 值变化相对平缓。而在粮食生产过程中，主产区处于净出售者地位，粮食价格变化引起主产区收入与粮食消费支出变化的相对值决定总福利效应，当价格变化引起主产区收入大于粮食消费支出变化时，福利效应为正，即福利得到改善。

（3）粮食价格波动的福利效应由两方面组成，包括生产福利和消费福利，在生产价格和零售价格等幅变化情况下，生产福利在总福利变化中处于主导地位。也即主产区、产销平衡区和主销区粮食生产价格变动与短期和长期生产福利变动具有正向作用关系，粮食零售价格变动与短期和长期消费福利变动具有负向作用关系。且其短期总福利效应与短期生产福利效应的符号和长期总福利与长期生产福利效应的符号在大多数年份保持一致，说明三大区域生产福利变化在总福利变化中处于主导地位。

（4）粮食价格上涨对于主产区、产销平衡区和主销区福利均具有积极作用，但主产区获得更多福利。然而在近几年粮食价格上涨过程中，国内粮食价格上涨幅度远低于国际粮食价格的上涨幅度，根据联合国粮农组织数据库的数据，世界粮食的价格指数从 2006 年的 112.0 上升到 2011 年的 217.1，上涨幅度达 93.80%，而同期国内粮食价格涨幅只有 15.17%，一方面体现了政府粮食价格政策调控的有效性，另一方面也反映了政府在粮价调控中，存在偏好主销区而忽视主产区的倾向，主产区并没有享受到粮食价格上涨应得的福利改善。

（5）粮食价格变动的长期福利和短期福利变动趋势基本一致。粮食价格波动的长期福利效应优于短期福利效应，这意味着在长期中，人们通过调整粮食生产量和消费量来应对粮食价格的波动，使自身福利最大化。但是粮食作为一种生活必需品，人们对于价格变化并不敏感，对其消费量做出大的调整。因此，长期福利效应优于短期福利效应的效果并不明显。

第二节　对策建议

（1）为确保粮食有效供给，保障粮食安全，须将"基本农田保护区条例"落到实处，严格执行土地用途管制制度，建立永久农田保护区，保证耕地面积的基本稳定。而三大区域粮食产量的影响因素及其程度差异较大，这意味着各区域应根据自己的实际情况实施差别化农业政策。对粮食主产区，应提高农业机械总动力的效率，增强技术对农业生产的积极作用；成灾面积是产销平衡区粮食增产的最大障碍因素，应加强农业基础设施建设，提高农业抗灾减灾能力。此外，建立健全政策性粮食自然灾害保险制度,用足用好世界贸易组织规则中农业保险"绿箱"政策,增强农民防御和应对灾害能力。同时应加强农业财政支出监管力度,使其真正用于农业生产。对粮食主销区,应注意过量施用化肥造成非点源污染的影响,注重提高化肥使用效率。三大区域应建立健全普惠型农村金融制度和财政支农扶农政策,扶持村镇银行、农村资金互助社、小额贷款公司等新型农村金融机构,提高农民应对风险的能力和农民种粮的积极性。

(2)由于粮食主产区一直作为净出售者参与粮食生产过程,因此为了稳固粮食主产区净出售者的地位,应建立以粮食主产区为粮食生产的优势区域,依靠优势区域增产提升保障我国粮食安全的能力。保证粮食播种面积的基本稳定,充分挖掘农业科技对粮食产量增长的潜力,提高主产区粮食的生产效率,进一步提高主产区粮食产量及质量,保障我国粮食安全。同时政府应稳定粮食价格,保证主产区粮食的供给量,给予主产区更多实际利益。而粮食产销平衡区虽也一直作为净出售者参与粮食生产过程,但由于产销平衡区不具有明显的粮食生产优势,所以应理性对待粮食种植,不能盲目扩大粮食种植面积,应在保证粮食播种面积稳定前提下,保持粮食价格基本稳定的同时,扩大种植的种类。而主销区1992—2011年,作为净购买者参与到粮食生产消费活动中,可能是由于主销区种植其他作物比种植粮食能获得更高的收益,所以应在对不同作物的成本和收益进行比较分析之后,通过政策及价格手段引导农户种植收益相对较高的农作物,因地制宜地发展粮食生产。

(3)三大区域福利变动与粮食生产价格变动具有正向作用关系,与粮食零售价格变动具有负向作用关系,且生产福利在福利变化中处于主导地位。因此,政府应根据粮食生产和消费实际情况,制定粮食保护价或实施粮食生产价格补贴,尽量保持粮食价格的稳定性,尤其是在粮食价格骤降时保证粮食价格的稳定,保护农民种粮的积极性,保障粮食生产者利益,改善粮食生产者福利,提高农民种粮的积极性,增加粮食产量,保障粮食供给安全。当然,政府的这种调控不能只通过行政命令来强加于经济参与体,而是更多地使用价格杠杆来引导粮食生产者和消费者做出理性决策。而粮食价格大幅上涨又会导致消费的福利损失,政府部门应适时给予生活补贴或者临时补贴,降低人们因价格上涨所遭受的生活困难和心理压力,但由于价格补贴具有一定的滞后性,所以,在一定时间段内应给予适当比例的现金补贴,真正解决居民生活的实际困难。

（4）粮食价格不断上涨，引致总福利增加，但福利效应的增加并不是均等分布，存在偏好主销区而忽视主产区倾向，因而使得区域之间的利益冲突增加。因此，建议政府在调控粮食价格的过程中，注意协调由于价格上涨引致福利分配不均导致的区域利益冲突，应更多地关注主产区利益，给予粮食主产区一定的补贴或者是更多的惠农扶植政策，以保障主产区种粮的积极性，保障主产区的实际利益，进而弱化区域之间的利益冲突。

（5）三大区域粮食价格变动引起福利变化的长期福利效应与短期福利效应的变动趋势基本一致，长期福利效应优于短期福利效应，但整体效果不明显。由于粮食的供给弹性和需求弹性缺乏弹性，即价格弹性较弱，因此生产者及消费者对价格变化做出的生产和消费调整比较迟钝和滞后，因而单纯依靠政府价格调控政策的作用效果可能比较有限。因此，政府在利用价格杠杆调控生产和消费的同时，有针对性地制定其他政策措施，如农业科技政策、农业信贷政策、农业投入政策和农业保险政策等，科学引导粮食生产及消费，促进我国粮食生产消费活动中的供需均衡，进而为我国粮食供给安全做出贡献。

参考文献

曹春柳：《中国农产品进出口弹性分析》，博士学位论文，2008 年，同济大学。

陈飞、范庆泉、高铁梅：《农业政策、粮食产量与粮食生产调整能力》，《经济研究》2010 年第 11 期。

陈文哲：《粮食价格和农业收入对粮食产量的影响的研究》，《商场现代化》2008 年第 20 期。

陈慧萍、武拉平、王玉斌：《补贴政策对我国粮食生产的影响——基于 2004—2007 年分省数据的实证分析》，《农业技术经济》2010 年第 4 期。

陈汉圣、吕涛：《农业生产资料价格变动对农户的影响》，《中国农村观察》1997 年第 2 期。

陈秋锋：《贸易结构转变、资本偏向型技术进步与劳动收入份额》，《贵州财经大学学报》2014 年第 1 期。

陈秧分、李先德：《中国粮食产量变化的时空格局与影响因素》，《农业工程学报》2013 年第 29 期。

陈锡文：《中国特色农业现代化的几个主要问题》，《改革》2012 年第 10 期。

戴天仕、徐现祥：《中国的技术进步方向》，《世界经济》2010 年第 11 期。

董智勇、王双进：《粮食价格波动态势及调控对策》，《宏观经济管理》2013 年第 7 期。

董国新：《我国粮食供求区域均衡状况及其变化趋势研究——基于粮食生产者和消费者行为分析》，博士学位论文，2007 年，浙江大学。

董直庆、戴杰、陈锐：《技术进步方向及其劳动收入分配效应检验》，《上海财经大学学报》2013 年第 5 期。

樊继达：《发展型社会福利体系建设对中国式财政的挑战及应对》，《中央财经大学学报》2011 年第 9 期。

范垄基、穆月英、付文革等：《基于 Nerlove 模型的我国不同粮食作物的供给反应》，《农业技术经济》2012 年第 12 期。

方志红：《粮价波动对农民增收及 CPI 影响的计量分析》，《调研世界》2013 年第 5 期。

方晨靓：《中国农产品价格波动特征分析——基于国际市场因素影响下的局面转移模型》，《中国农村经济》2010 年第 6 期。

高凡：《城乡居民的粮食消费弹性：一个估算》，《改革》2005 年第 8 期。

高帆：《我国粮食生产的地区变化：1978—2003 年》，《管理世界》2005 年第 9 期。

顾国达、方晨靓：《农产品价格波动的国内传导路径及其非对称性研究》，《农业技术经济》2011 年第 3 期。

顾莉丽、郭庆海：《中国粮食主产区的演变与发展研究》，《农业经济问题》2011 年第 8 期。

郭劲光：《粮食价格波动对人口福利变动的影响评估》，《中国人口科学》2009 年第 6 期。

郭劲光：《政府救济政策制定的时序结构与制度安排：基于大宗粮食商品价格波动的视角》，《农业经济问题》2010 年第 12 期。

郭劲光：《粮食价格波动对人口福利变动的影响评估》，《中国人口科学》2009 年第 6 期。

广东省价格协会课题组（执笔：文武汉）：《反哺"三农"价格政策研究》，《南方农村》2007 年第 6 期。

韩荣青、戴尔阜、吴绍洪：《中国粮食生产力研究的若干问题与展望》，《资源科学》2012 年第 6 期。

韩晓龙、魏丹、赵玉等：《粮食价格决定机制：基于蛛网模型的实证分析》，《价格理论与实践》2007 年第 9 期。

韩耀：《中国农户生产行为研究》，《经济纵横》1995 年第 5 期。

何强、吕光明：《福利测度方法的研究评述》，《财经问题研究》2009 年第 7 期。

何强：《国民经济核算视角下的福利概念审视》，《调研世界》2011 年第 5 期。

胡俞越、徐欣：《粮价波动、期货市场与新农村建设》，《中国粮食经济》

2006 年第 3 期。

洪民荣：《农户行为与农户政策》，《中国经济问题》1997 年第 3 期。

胡锋：《政府因何提高 2008 年稻谷最低收购价》，《中国粮食经济》2008
  年第 2 期。

黄季焜、Seott Rozelle：《迈向二十一世纪的中国粮食：回顾与展望》，《农
  业经济问题》1996 年第 1 期。

黄季焜、罗斯高：《中国水稻的生产潜力、消费与贸易》，《中国农村经
  济》1996 年第 4 期。

黄汉权：《国际"粮荒"对中国经济的影响》，《中国发展观察》2008 年
  第 6 期。

黄武：《贸易自由化对中国大豆产业的影响研究》，博士学位论文，南京
  农业大学，2005 年

黄春燕、蒋乃华：《粮食价格、收入水准与城镇低收入人群保障》，《改
  革》2012 年第 1 期。

黄祖辉、钱峰燕：《技术进步对我国农民收入的影响及对策分析》，《中国
  农村经济》2003 年第 12 期。

黄金波、周先波：《中国粮食生产的技术效率与全要素生产率增长：
  1978—2008》，《南方经济》2010 年第 9 期。

韩艳旗、李然、王红玲：《大国开放条件下转基因棉花研发福利效应研
  究》，《华中农业大学学报》（社会科学版）2010 年第 3 期。

韩俊：《关于增加农民收入的思考》，《新视野》2001 年第 1 期。

胡德龙：《TFP 对收入增长及差距缩小的贡献研究》，《经济问题》2011 年
  第 2 期。

胡继亮：《中部农户粮食种植行为的影响因素探析——基于湖北省农户的
  调查》，《经济前沿》2009 年第 10 期。

姜长云、张艳平：《我国粮食生产的现状和中长期潜力》，《经济研究参
  考》2009 年第 15 期。

姜长云：《改革开放以来我国历次粮食供求失衡的回顾与启示》，《中国农
  村观察》2006 年第 2 期。

姜长云、张艳平：《我国粮食生产的现状和中长期潜力》，《经济研究参
  考》2009 年第 15 期。

姜雅莉、陆迁、贾金荣：《蔬菜价格波动对城镇居民福利影响的实证分

析》，《长安大学学报》（社会科学版）2012 年第 4 期。

姜雅莉、曹敏杰、贾金荣：《蔬菜价格波动对低、中、高收入城镇居民福利影响分析》，《西安电子科技大学学报》（社会科学版）2012 年第 4 期。

蒋远胜、丁明忠、林方龙、肖红林：《四川主要粮食作物生产成本收益分析》，《四川农业大学学报》2007 年第 3 期。

蒋乃华：《价格因素对我国粮食生产影响的实证分析》，《中国农村观察》1998 年第 5 期。

孔祥智、李圣军、李素芳：《农业产业链条价格传递机制的实证分析》，《技术经济》2010 年第 1 期。

李志红：《粮食价格的提高会增加农民收入吗?》，《中国金融》2007 年第 12 期。

李光泗、李全根、曹宝明：《我国粮食生产波动影响因素分析——基于供给反应模型》，《南京财经大学学报》2010 年第 5 期。

李大胜、李琴：《粮食生产技术进步对农户收入差距的影响机理及实证研究》，《农业技术经济》2007 年第 3 期。

李斌、陈超凡、万大艳：《中国技术进步贡献率的估算及其与收入分配差距研究》，《湖南大学学报》（社会科学版）2012 年第 1 期。

李艳华、奉公：《我国农业技术需求与采用现状：基于农户调研的分析》，《农业经济》2010 年第 11 期。

李志平：《资金困境、金融深化与我国农业技术进步——基于浙、滇和豫三省 253 个农户问卷的思考》，《江汉论坛》2012 年第 6 期。

李学术、向其凤：《农户创新与收入增长：基于西部地区省际面板和微观调查数据的分析》，《中国农村经济》2010 年第 11 期。

李妍：《中国粮食生产影响因素及地区差异分析——基于 1990—2006 年各省的面板数据》，《经济研究导刊》2009 年第 13 期。

李永海：《关税调降对我国居民的影响分析》，《中南财经政法大学研究生学报》2006 年第 2 期。

林光华、陈轶：《国际大米价格波动的实证分析：基于 ARCH 类模型》，《中国农村经济》2011 年第 2 期。

梁凡、陆迁、同海梅、孙小丽：《我国城镇居民食品消费结构变化的动态分析》，《消费经济》2013 年第 3 期。

林海：《农民经济行为的特点及决策机制分析》，《农业经济导刊》2003

年第 8 期。

刘华、钟甫宁：《食物消费与需求弹性——基于城镇居民微观数据的实证研究》，《南京农业大学学报》2009 年第 3 期。

刘爱民、徐丽明：《中美主要农产品生产成本与效益的比较及评价》，《中国农业大学学报》（社会科学版）2002 年第 10 期。

刘克春：《农户农地使用权流转决策行为研究——来自江西省经验》，中国农业出版社 2007 年版。

刘进宝、刘洪：《粮食生产技术进步与农民农业收入增长弱相关性分析》，《中国农村经济》2004 年第 9 期。

刘东勋：《中国各地区粮食生产的影响因素分析》，《河南大学学报》2013年第 5 期。

刘宁：《基于超效率 Output – DEA 模型的主产区粮食生产能力评价》，《软科学》2011 年第 3 期。

陆文聪、李元龙、祁慧博：《全球化背景下中国粮食供求区域均衡：对国家粮食安全的启示》，《农业经济问题》2011 年第 4 期。

陆文聪、余新平：《中国农业科技进步与农民收入增长》，《浙江大学学报》（社会科学版）2013 年第 4 期。

罗锋：《我国粮食价格波动的主要影响因素与影响程度》，《华南农业大学学报》2010 年第 4 期。

罗长远、张军：《劳动收入占比下降的经济学解释——基于中国省级面板数据的分析》，《管理世界》2009 年第 5 期。

罗万纯、陈永福：《中国粮食生产区域格局及影响因素研究》，《农业技术经济》2005 年第 6 期。

冷崇总：《粮食价格波动的供求分析》，《价格月刊》1997 年第 12 期。

冷崇总：《积极应对全球粮食价格上涨对我国的挑战》，《西安财经学院学报》2008 年第 5 期。

冷崇总：《价格上涨对城镇低收入居民生活影响与价格补偿问题研究》，《决策与信息》2008 年第 2 期。

李光泗、李全根、曹宝明：《我国粮食生产波动影响因素分析——基于供给反应模型》，《南京财经大学学报》2010 年第 5 期。

龙伟、康辉：《物价上涨对四川城镇低收入户的影响》，《市场物价》2007年第 8 期。

陆文聪、梅燕:《中国粮食生产区域格局变化及其成因实证分析——基于空间计量经济学模型》,《中国农业大学学报》(社会科学版) 2007 年第 3 期。

罗守全:《按市场经济原则建立粮食产销区供销协作机制》,《宏观经济研究》2005 年第 6 期。

罗锋、牛宝俊:《国际农产品价格波动对国内农产品价格的传递效应——基于 VAR 模型的实证研究》,《国际贸易问题》2009 年第 6 期。

罗锋:《基于 Nerlove 模型的中国粮食供给反应研究》,《佛山科学技术学院学报》2009 年第 5 期。

罗向明、张伟、丁继锋:《地区补贴差异、农民决策分化与农业保险福利再分配》,《保险研究》2011 年第 5 期。

马文杰、冯中朝:《基于 Nerlove 模型的中国小麦供给反应研究》,《技术经济》2009 年第 3 期。

梅燕:《农村劳动力跨区域流动对中国粮食供求区域均衡的影响效应》,《软科学》2010 年第 5 期。

苗珊珊、陆迁:《基于大国经济剩余模型的大米技术进步福利效应分析》,《农业技术经济》2011 年第 9 期。

苗珊珊、陆迁:《我国大米的供需态势:由消费与库存观察》,《改革》2011 年第 7 期。

苗珊珊、陆迁、毕玉平:《封闭模型下稻米生产技术进步的福利效应分析》,《经济问题》2011 年第 9 期。

苗珊珊:《粮食价格波动的农户福利效应研究》,《资源科学》2014 年第 6 期。

孟东梅、姜绍政:《我国大豆进口的 Armington 弹性及福利波动分析》,《商业研究》2013 年第 7 期。

彭勇:《深圳首次公布民生净福利总指数》,《经济研究参考》2008 年第 6 期。

钱正鑫、张杰铭:《竞争性市场下价格支持的效用——对我国粮食价格补贴政策的福利分析》,《云南财贸大学学报》(社会科学版) 2006 年第 3 期。

宋晓松、冷凯洛:《我国主要产粮省份粮食生产影响因素的比较分析》,《云南财经大学学报》(社会科学版) 2008 年第 3 期。

邵飞、陆迁:《我国玉米价格波动福利效应分析》,《价格理论与实践》

2010 年第 8 期。

邵飞、陆迁：《我国玉米价格波动福利效应分析》，《价格理论与实践》 2011 年第 3 期。

邵飞：《中国玉米经济：需求与供给分析》，博士学位论文，西北农林科技大学，2011 年。

邵飞、陆迁：《我国玉米产业技术进步的福利效应分析》，《科技进步与对策》2011 年第 7 期。

邵飞、陆迁：《基于 Nerlove 模型的中国不同区域玉米供给反应研究》，《经济问题》2011 年第 7 期。

邵飞、陆迁、王昕：《我国玉米产业技术进步的福利效应分析》，《科技进步与对策》2011 年第 14 期。

绍兴全、林艳：《社会资本的累积效应及其家庭福利改善》，《改革》2011 年第 9 期。

石敏俊、土妍、朱杏珍：《能源价格波动与粮食价格波动对城乡经济关系的影响——基于城乡投入产出模式》，《中国农村经济》2009 年第 5 期。

孙福春、胡凤新、崔冬梅：《近几年国际农产品价格上涨及对我国粮食价格影响的探析》，《辽宁农业职业技术学院学报》2009 年第 1 期。

孙小丽、陆迁：《蔬菜价格波动对城镇居民福利的影响及对策研究——以 1995—2010 年为考察期》，《青海社会科学》2012 年第 3 期。

孙小丽：《食品价格波动对城镇居民的影响》，博士学位论文，西北农林科技大学，2012 年。

陶红军：《世界主要农产品进口国进口价格弹性及关税福利损失估算》，《国际商务》（对外经济贸易大学学报）2013 年第 4 期。

谭智心、曹慧、陈洁：《中国粮食生产区域布局的演变特征及成因分析——基于全国各省（区）面板数据的实证研究》，《调研世界》2012 年第 9 期。

田志宏、刘北桦：《关税税率调整的经济效应及理论模型》，《中国农业大学学报》（社会科学版）2001 年第 4 期。

万小妹、罗安军：《不稳定粮食价格的成因及影响分析》，《国际经贸探索》2007 年第 1 期。

王宏、张岳恒：《中国玉米供给反应：基于 Nerlove 模型的实证研究》，《农村经济》2010 年第 6 期。

王莉、杜珉：《我国棉花生产的价格反应研究》，《中国棉花》2009 年第 6 期。

王莉、苏祯：《农户粮食种植面积与粮价的相关性研究——基于全国农村固定观察点的农户调查数据》，《农业技术经济》2010 年第 9 期。

王德文、黄季焜：《双轨制度下中国农户粮食供给反应分析》，《经济研究》2001 年第 12 期。

王东杰：《中国经济中期的社会福利成本》，《生产力研究》2007 年第 22 期。

王骏、张宗成：《基于 VAR 模型的中国农产品期货价格发现的研究》，《管理学报》2005 年第 6 期。

王立清、杨宝臣、苏云鹏：《国际大宗商品价格波动对我国影响的研究——以石油、小麦和大豆为例》，《价格理论与实践》2010 年第 7 期。

王小龙、杨柳：《中国粮食财政干预政策产出效应分析》，《财贸经济》2009 年第 1 期。

王学庆：《对目前居民消费价格涨幅的思考——兼析 2006 年居民消费价格走势》，《价格理论与实践》2006 年第 4 期。

王志刚、许前军：《探索农村食品消费结构的转变规律——一个嵌入时间路径的 LA/AIDS 模型的应用》，《数量经济技术经济研究》2012 年第 1 期。

王志刚、申红芳、王磊：《我国水稻生产的特点与影响因素调查分析》，《中国稻米》2010 年第 1 期。

王薇薇、王雅鹏：《主产区种粮成本分析与粮食安全长效机制的建立——基于湖北省荆州市 2006 年农户调查数据》，《农村经济》2009 年第 5 期。

万劲松：《完善我国农产品成本核算体系的设想》，《价格理论与实践》2002 年第 8 期。

王德文、黄季焜：《双轨制度下中国农户粮食供给反应分析》，《经济研究》2001 年第 12 期。

王胜、邹恒甫：《关税、汇率与福利》，《世界经济》2004 年第 1 期。

王胜、邹恒甫：《不确定下的关税、货币政策》，《数量经济技术经济研究》2004 年第 12 期。

王耀发：《浅析农民增收的科技创新机制》，《中国农业大学学报》（社会科学版）2003 年第 4 期。

汪彤、郑春芳、李万峰：《2008 影响中国粮食生产主要因素的实证分析》，《统计与决策》2008 年第 20 期。

翁贞林、朱红根、张月水：《种稻大户稻作经营绩效及其影响因素实证分析——基于江西省 8 县（区）619 户种稻大户的调研》，《农业技术经济》2010 年第 2 期。

吴敬学、谭华、杨培植：《改革开放以来农业科技发展：成就、机遇和挑战》，《农业经济》2010 年第 8 期。

吴江、武晓山、赵铮：《农户种粮收入的影响因素分析与最优粮食种植面积测算》，《经济理论与济管理》2010 年第 11 期。

韦鸿、王磊：《粮食价格、农民收入对粮食产量影响分析——基于 VEC 模型的实证》，《农业技术经济》2011 年第 6 期。

温桂芳、刘喜梅：《居民消费物价上涨对城市低收入人口生活的影响研究》，《国家行政学院学报》2004 年第 6 期。

温涛、王小华：《财政金融支农政策对粮食价格波动的影响——基于中国 1952—2009 年的经验验证》，《东南大学学报》（哲学社会科学版）2012 年第 3 期。

吴连霞：《我国城乡福利分配差距实证研究》，《商业时代》2011 年第 31 期。

吴姚东：《当代国外福利测算方法研究——福利与国内生产总值关系的实证分析》，《经济评论》2000 年第 6 期。

伍山林：《中国粮食生产区域特征与成因研究——市场化改革以来的实证分析》，《经济研究》2000 年第 10 期。

向书坚：《福利水平的可持续性评价研究》，《中南财经政法大学学报》2007 年第 10 期。

肖国安、王文涛：《粮食供求波动的轨迹、走势及其平抑措施》，《湖南科技大学学报》（社会科学版）2005 年第 3 期。

谢杰：《中国粮食生产影响因素研究》，《经济问题探索》2007 年第 9 期。

辛佳临：《2008 年中国大米出口征税的福利变化分析——基于大米价格决定模型的测算》，《新疆农垦经济》2010 年第 1 期。

薛剑、韩娟、刘玉、张凤荣：《河南省县域粮食生产格局变化及其影响因素》，《地域研究与开发》2013 年第 4 期。

徐永金、陆迁：《粮食价格波动对主产区福利影响的实证分析》，《财贸研究》2011 年第 3 期。

徐永金、陆迁：《粮食价格波动对主产区福利影响的实证分析》，《财贸研究》2012 年第 5 期。

徐志宇、宋振伟、邓艾兴、陈武梅、陈阜、张卫建：《近 30 年我国主要粮食作物生产的驱动因素及空间格局变化研究》，《南京农业大学学报》2013 年第 1 期。

杨万江：《中国农业转型中的粮食安全问题——基于区域变化和品种调整的粮食产量增量贡献率分析》，《农业经济问题》2009 年第 4 期。

杨永恒：《基于社会福利视角北京最优收入差距研究》，《首都经济贸易大学学报》2011 年第 3 期。

杨建利、靳文学：《粮食主产区和主销区利益平衡机制探析》，《农业现代化研究》2012 年第 2 期。

叶慧、王雅鹏：《粮食价格及收入变动对国民营养影响分析》，《农业技术经济》2007 年第 1 期。

余谦、高萍：《中国农村社会福利指数的构造及实测分析》，《中国农村经济》2011 年第 7 期。

俞培果、蒋葵：《农业科技投入的价格效应和分配效应探析》，《中国农村经济》2006 年第 7 期。

曾福生、戴鹏：《粮食生产收益影响因素贡献率测度与分析》，《中国农村经济》2011 年第 1 期。

赵芝俊、袁开智：《中国粮食生产技术进步贡献率测算及分解：1985—2005》，《农业经济问题》2009 年第 3 期。

展进涛、陈超、廖西元：《公共科研投资、技术创新与水稻生产率增长——基于动态理论的实证分析》，《科研管理》2011 年第 1 期。

张驰、乔现伟：《我国粮食产量的影响因素分析——利用协整理论分析1983—2003 年数据》，《科技信息》2011 年第 12 期。

张广、金钟范：《卫生检疫壁垒对我国农产品出口的影响——基于扩展的引力模型的实证分析》，《财经研究》2012 年第 11 期。

张海姣、张征、张正河：《粮食跨区交易：责任共担与利益共享》，《经济体制改革》2013 年第 4 期。

张建杰：《粮食主产区农户粮作经营行为及其政策效应——基于河南省农

户的调查》,《中国农村经济》2008 年第 6 期。

张淑萍:《我国粮食价格变动的经济效应分析》,《财经科学》2011 年第
8 期。

张莹:《关税减让政策对我国进口的影响分析》,《经济研究导刊》2007
年第 4 期。

张玉梅、喻闻、李志强:《中国农村居民食物消费需求弹性研究》,《江西
农业大学学报》(社会科学版)2012 年第 2 期。

张治华、袁荣:《我国粮食生产对价格及非价格因素的反应》,《农业科学
研究》2007 年第 28(4)期。

张祖庆、姜雅莉、陆迁:《鸡蛋价格波动对不同收入居民福利影响分析》,
《西北农林科技大学学报》(社会科学版)2013 年第 2 期。

张祖庆、姜雅莉、陆迁:《鸡蛋价格波动对不同收入居民福利影响分析》,
《西北农林科技大学学报》(社会科学版)2013 年第 13 期。

钟甫宁:《稳定的政策和统一的市场对我国粮食政策的影响》,《中国农村
经济》1995 年第 7 期。

周海春:《粮食价格变动对国民经济影响分析》(上),《经济改革与发
展》1995 年第 4 期。

周慧秋、李孝忠:《价格支持、直接补贴与粮食政策改进》,《学习与探
索》2008 年第 4 期。

周望军、葛建营、王小宁、侯守礼:《价格传导问题综述及量化分析》,
《北京交通大学学报》(社会科学版)2008 年第 4 期。

《中国粮食进口量猛增三倍,是否坚持"红线"引争议》,http://mon-
ey.163.com/special/view306/。

周波、于冷:《农业技术应用对农户收入的影响——以江西跟踪观察农户
为例》,《中国农村经济》2011 年第 1 期。

周力、周应恒:《粮食安全:气候变化与粮食产地转移》,《中国人口·资
源与环境》2011 年第 7 期。

周应恒、李洁:《农业科技进步对长三角地区种植业增长的贡献研究》,
《科技与经济》2006 年第 6 期。

朱红根、翁贞林、康兰媛:《粮食投入产出影响因素的面板数据模型分
析》,《经济纵横》2010 年第 6 期。

朱艳:《基于农产品质量安全与产业化组织的农户生产行为研究:以浙江

省为例》，2005 年，浙江大学。

朱民、马欣：《新世纪的全球资源性商品市场——价格飙升、波动、周期和趋势》，《国际金融研究》2006 年第 11 期。

朱新华、曲福田：《不同粮食分区间的耕地保护外部性补偿机制研究》，《中国人口·资源与环境》2008 年第 5 期。

Abdulai, Estimating labor supply of farm households under nonseparability: empirical evidence from Nepal. *Agricultural Economics*, 2000, April: 309 – 320.

Benavides, G. , Price Volatility Forecasts for Agricultural Commodities: An Application of Historical Volatility Models, Option Implied and Composite Approaches for Futures Prices of Corn and Wheat, Central Bank of Mexico, 2004.

Bigman, Goldfrab and Schechtman, 1983, Futures market efficiency and the time content of the information sets. *Journal of Futures Markets*, (03): 321 – 334.

Charles Ackah and Sirnon Appleton, 2007, Grain Price Changes and consumer Welfare in Ghana in the 1990s. CREDIT Research Paper, (3): 3 – 9.

Cultler, David M. and Lawrence Katz, 1991, Macroeconomic Performance and the Disadvantaged. Brookings Papers on Economic Activity, 2.

Coyle, W. , 2008, The Future of Bioenergys: A Global Perspective, Washington D. C. : USDA – ERS, 2.

Donna Brennan, 2003, Price dynamics in the Bangladesh rice implications for public intervention. *Agricultural Economics*, (29): 15 – 25.

Douglas, J. M. and Hayenga, M. L. , 2001, Prcie Cycle and Asymmetric Price Transmission in the U. S. Pork Market. *American Journal of Agricultural Economics*, (03): 551 – 562.

Ernst – August, 1987, Nuppenau, The income efficiency of government expenditure on agricultural policy, (03): 43 – 78.

Fafchamps, 1992, Solidarity Networks in Preindustrial Societies: Rational Peasants with a Moral Economy. *Economic Development and Cultural Change*, (09): 45 – 98.

FAO, Climate Change: Implications for Grain Safety, 2008.

Frigon, Purification and cloning of amyloid precursor protein β – secretase from human brain. *Nature*, 1999, (08): 14 – 34.

H. Youn Kim, Inverse Demand System and Welfare Measurement in Quantity Space. *Southern Economical Journal*, (63): 98 – 123, 1997.

Harry de Goner, Eric O. N. Fisher, The Dynamic Effects of Agricultural Subsidies in the United States. *Journal of Agricultural and Resource Economics*, 1993, (12): 23 – 56.

Ivanic, M., Martin, W., Implications of higher Global Grain Prices for Poverty in Low – Income Countries. *Agricultural Economics*, 2008, (39): 405 – 416.

James Banks, Richard Blundell, Arthur Lewbel, Tax Reform and Welfare Measurement: We Need Demand system Estimation? . *The Jornal*, 1996, (09): 226 – 124.

Jed Friedman, James Levinsohn, The Distributional Impacts of Indonsia's, Financial Crisis on Household Welfare: A Rapid Response, Methodology. *The World Bank Economic Review*, 2002, (16): 397 – 423.

Jennifer Clapp, Grain Price Volatility and Vulnerability in the Global South: considering the global economic context. *Third World Quarterly*, 2009, (06): 1183 – 1196.

Lu, F., New Production and F – ratio on the Continental Shelf of the East China Sea: Comparisons between Nitrate Inputs from the Subsurface Kuroshio Current and the Changjiang River, 1999, (04): 59 – 75.

Meyer, J., Vou Cramou – Tauhadel, S., Asymmetric Price Transmission: A Survey. *Journal of Agricultural Economics*, 2004, (03): 81 – 611.

Minot, N., Goletti F. Rice, Market liberalization and poverty in VietNam. IFPRI, Washington D. C., 2000: 96 – 99.

Mitra, S., A Nonlinear Cobweb Model of Agricultural Commodity Price Fluctuations, Department of Economics, Fordham University, 2008, (08): 12 – 23.

Moint, N., Goletti, F., Rice market liberalization and poverty in Viet Nam, Washington D. C.: International grain policy research institute (IFPRI), 2000: 42 – 89.

Willett, L. S., Hansmire, M. R., Bernard, J. C., Asymmetric Price Rresponse Behavior of Red Delicious Apples. *Agrihusiness*, 1997, (06): 649 – 658.

Wright, B. , The economics of grain price volatility. *Applied Economic Perspectives and Policy*, 2011, 33 (1): 32 – 58.

Godfray, H. , Beddington, J. , Crute, I. , Food security: The challenge of feeding 9 billion people. *Science*, 2010, 12 (8): 812 – 818.

Verburg, P. , Veldkamp, A. , Fresco, L. , Simulation of changes in the spatial pattern of land use in China. *Applied Geography*, 1999, 19 (3): 211 – 233.

Veldkamp, A. , Fresco, L. , Reconstructing land use drivers and their spatial scale dependence for Costa Rica (1973 and 1984) . *Agricultural Systems*, 1997, 55 (1): 19 – 43.

David, K. , Elliott, P. , Productivity in Chinese provincial agriculture. *Journal of Agricultural Economics*, 1998, 11 (2): 101 – 105.

Welsh, R. , Hubbell, B. , Carpentier, C. , Agro – food system restructuring and Geographic concentration of US swine production. *Environment and Plaaning*, 2003, 35 (2): 215 – 229.

Daniel, M. , Killkenny, T. , Decouplage an agirucltural localisation activities. *Economic International*, 2002, 15 (1): 2 – 31.

Wing Thye Woo et al. , The Size and Distribution of Hidden Household Income in China. *Asia Economic Papers*, 2011 (10): 1 – 26.

FAO, Climate Change: Implications for Food Safety, 2008.

Cultler, David M. and Lawrence Katz, Macroeconomic Performance and the Disadvantaged. *Brookings Papers on Economic Activity*, 1991 (2): 1.

Ted Friedman and James Levinsohn. The Distributional Impacts of Indonsia's, Financial Crisis on Household Welfare: A Rapid Response, Methodology. *The World Bank Economic Review* 2002, Vol. 16, No. 3397 – 423. DOI: 10. 1093/wber/lhf001.

Ivanic, M. and Martin, W. , Implications of higher Global Food Prices for Poverty in Low – Income Countries. *Agricultural Economics*, 2008 (39): 405 – 416.

Jeffrey Alwang, Paul B. Siegel, Steen L. Jorgensen, Vulnerability: A View From Different Disciplines. *Social Protection Discussion Paper Series*, 2001 (6): 1 – 42.

Pieroni, J. , Biochemical Markers if liver fibrosis in patients with hepatitis Cvius infection: A prospective study. The Lancet, 2010 (7): 1069 – 1075.

Minot, N. , Goletti, F. , Rice marke liberalization and poverty in VietNam, IF-PRI, Washington D. C. , 2000.

ALWANG. J. , What types of safety nets would be most efficient and effective for protecting small farmers and the poor against volatile food prices. Food Sec, 2011, (3): 139 – 148.

Blank, R. , Blinder, A. , Macroeconomics, income distribution, and poverty. Danziger, S. , Fighting poverty: what works and what doesn't. Cambridge: Harvard University Press, 1986.

Cutler, D. M. , Katz, L. F. , Macroeconomic performance and the disadvantaged. *Brookings Papers on Economic Activity*, 1991, 22 (2): 1 – 74.

FAO, 2008, Climate change: implications for food safety [EB/OL] . http: // www. fao. org/docrep/010/i0195e/i0195e00. htm.

Halbrendt, C. , Gempesaw, C. , Rural Chinese food consumption: the case of Guangdong. *Am. J. agr. Econ*, 1994, 76 (4): 794 – 799.

King, M. A. , Welfare analysis of tax reforms, using household data. *Journal of Public Economics*, 1983, (21): 183 – 214.

Lusk, J. L. , Roosen, J. , Fox, J. A. , Dem and for beef from cattle administered growth form ones or fed genetically modified corn: A comparison of consumers in France, Germany, the United Kingdom, and the United States. *American Journal of Agricultural Economics*, 2003, 85 (1): 16 – 29.

Minot, N. , Goletti, F. , Rice market liberalization and poverty in Vietnam. IF-PRI Research Report, 2000.

Pieroni, L. , Lanari, D. , Salmasi, L. , Food, prices and overweight patterns in Italy. Europe J Health Econ, 2013 (14): 133 – 151.

Wang, X. L. , Woo, W. T. , The size and distribution of hidden household income in China. Asia Economic Papers, 2011, 10 (1): 1 – 26.

Lipton, M. , The Theory of Optimizing Peasant. *Journal of Development Studies*, 1968, 4 (3): 26 – 50.

Schluter, M. G. and Mouni, G. , Some Management Objectives of the Peasant Farmer: An Analysis of Risk Aversion in the Choice of Cropping Pattern, Surat District, India. *Journal of Development Studies*, 1976, 12 (3): 246 – 262.

Nerlove, M. , *The Dynamics of Supply*: *Estimations of Farmers Response to Price*. Baltimore: Johns Hopkins University Press, 1958: 1 – 368.

Behrman, J. R. , Supply Response in Underdevelopment Agriculture. Amsterdam: North – Holland, 1977: 1 – 241.

Nowshirvani, V. F. , Agricultural Supply in India: Some Theoretical and Empirical Studies. Unpublished Doctoral Dissertation, Massachusetts Institute of Technology, 1968.

Askari, H. and Cummings, J. T. , Estimating Agricultural Supply Response with the Nerlove Model: A Survey. *International Economic Review*, 1977, 18 (2): 257 – 292.

Ajzen, I. , Madden J. T. , Prediction of Goal – related Behavior: Attitudes, Intentions and Perceived Behavioral Control. *Journal of Experimental Psychology*, 1986, (22): 453 – 474.

Binswanger, H. P. , Attitudes towards Risk: Experimental Measurements in Rural India. *American Journal of Agricultural Economics*, 1980 (62): 395 – 407.

Willock, J. , Deary, I. J. , McGregor, M. , Farmer's Attitudes, Objectives, Behaviors and Personality Traits: The Edinburgh Study of Decision Making on Farms. Journal of Vocational Behavior, 1999, (54): 5 – 36.

Alvaro, D. M. and Wailes, E. J. , "Riceflow: A Multi – region, Multi – product, Spatial Partial Equilibrium Model of the World Rice Economy Riceflow: A Spatial Equilibrium Model of World Rice Trade", Staff Paper SP03 2010. Department of Agricultural Economics and Agribusiness, Division of Agriculture, University of Arkansas, 2010.

Ataman, A. M. and John, C. B. , "Global Agricultural Trade and Developing Countries" . The International Bank for Reconstruction and Development, 2004.

Durand – Morat, A. and Wailes, E. J. , "RICEFLOW: A Spatial Equilibrium Model of World Rice Trade", Staff Paper SP 02, Department of Agricultural Economics and Agribusiness, Division of Agriculture, University of Arkansas, 2003.

He, X. R. and Tian, W. M. , "Livestock Consumption: Diverse and Changing Preferences. China's agriculture at the Crossroads" (pp. 78 – 97), 175 Fifth Avenue, New York, N. Y. 10010, USA: St. Martin's Press,

Inc. , 2000.

Hansen, J. , Tuan, F. , Somwaru, A. , "Do China's Agricultural Policies Matter for World Commodity Markets?" *China Agricultural Economic Review*, 2011, 1, pp. 6 - 25.

Halbrendt, C. , Tuan, F. , Gempesaw, C. and Etz, D. D. , "Rural Chinese Food Consumption: The case of Guangdong", *American Journal of Agricultural Economics*, 1994, 76, pp. 794 - 799.

Huang, J. K. , Rozelle, S. , "Market Development and Food Demand in Rural China", FCND Discussion Paper No. 4, IFPRI, 1995.

Huang, J. K. , "Agricultural Policy, Development and Food Security in China", Agriculture in China 1949 - 2030 (pp. 209 - 257) . USA: IDEALS, Inc. , 1998.

Lewis, P. and Andrews, N. , "Household Demand in China" . *Applied Economics*, 1989, 21, pp. 793 - 807.

Liu, K. E. , and Chern, W. S. , Food demand in Urban China and its Implications for Agricultural Trade. Department of Agricultural, Environmental, and Development Economics, the Ohio State University, 2001. http: //www. china. wsu. edu/pubs/pdf - 2001/7_ KLiu. pdf.

Salvatore, D. , Theory and Problems of International Economies, 4th Ed. NewYork: Mc Craw - Hill, 1995.

Wailes, E. J. , "Implications of the WTO Doha Round for the Rice Sector" . Proceedings of FAO Rice Conference, Rome, Italy, 2004.

Zhuang, R. N. , Abbott, P. , "Price Elasticities of Key Agricultural Commodities in China", *China Economic Review*, 2007, 18, 155 - 169.

Becerril, J. , Abdulai, A. , The impact of improved maize varieties on poverty in Mexico: A propensity score matching approach. World Development, 2009, 38 (7): 1024 - 1035.

Park, J. , Mcfarlance, I. , Phipps, R. , The impact of the EU regulatory constraint of transgenic crops on farm income. *New Biotechnology*, 2011, 28 (4): 396 - 406.

Meyers, S. , Binfield, J. , Westhoff, P. , Technology adoption under US biofuel policies: Do producers, consumers or taxpayers benefit? . *European Review of Agricultural Economics*, 2012, 39 (1): 115 – 136.

Ali, A., Abdulai, A., The adoption of genetically modified cotton and poverty reduction in Pakistan. *Journal of Agricultural Economics*, 2010, 61 (1): 175 – 192.

Islam, S. M. F. and Norton, G. W., Salinity and Drought Tolerant Rice in Bangladesh, Economic and Environmental Benefits and Costs of Transgenic Crops: Ex – Ante Assessment. Coimbatore, India: Tamil Nadu Agricultural University, 2007.

MISHRA, S., An Ex – Ante Economic Impact Assessment of Bt Eggplant in Bangladesh, Virginia Polytechnic Institute and State University, 2003.

Acemoglu, D., Labor and Capital Augmenting Technical Change. *Journal of the European Economic Association*, 2003, 1: 1 – 37.

Acemoglu, D., Diversity and Technological Progress [R]. NBER Working Paper, No. 16984, 2011.

Solow, M., Technical Change and the Aggregate Production Function. *The Review of Economics and Statistics*, 1957, 39 (3): 312 – 320.

Cochrane, W., *Farm Prices: Myth and Reality, Minneapolis*, University of Minnesota Press, 1958.

Hayami, Y., Herdt, W., Market Price Effects of Technological Change on Income Distribution in Semi Subsistence Agriculture. *American Journal of Agricultural Economics*, 1977, 59 (2): 245.

Monica, G., Fisher, T., William, A., Master, S., Technical change in Senegal's irrigated rice sector: Impact assessment under uncertainty. *Agricultural Economics*, 2001, 24 (2): 179 – 197.